Sérgio Simka (Coordenação)

Simone Alessandra Alves

Tradução Audiovisual
não é um Bicho-de-sete-cabeças

Técnicas de criação para legenda e dublagem de filmes

EDITORA CIÊNCIA MODERNA

Tradução Audiovisual não é um Bicho-de-sete-cabeças – Técnicas de criação para legenda e dublagem de filmes
Copyright© Editora Ciência Moderna Ltda., 2021

Editor: Paulo André P. Marques
Produção Editorial: Aline Vieira Marques
Assistente Editorial: Dilene Sandes Pessanha
Capa: Carlos Arthur Candal
Diagramação: Carlos Arthur Candal

FICHA CATALOGRÁFICA

SIMKA, Sérgio (Coordenação); MOLETTA, Simone Alessandra Alves.

Tradução Audiovisual Não é um Bicho-de-sete-cabeças – Técnicas de criação para legenda e dublagem de filmes

Rio de Janeiro: Editora Ciência Moderna Ltda., 2021.

1. Audiovisual-educação 2. Tradução e Interpretação
I — Título

ISBN: 978-85-399-0726-7 CDD 371.335
418.02

Editora Ciência Moderna Ltda.
R. Alice Figueiredo, 46 – Riachuelo
Rio de Janeiro, RJ – Brasil CEP: 20.950-150
Tel: (21) 2201-6662/ Fax: (21) 2201-6896
E-MAIL: LCM@LCM.COM.BR
WWW.LCM.COM.BR **04/21**

Agradecimentos

Gostaria de agradecer a meu sempre professor Sérgio Simka pelo convite para escrever este livro, pelo incentivo e pelo entusiasmo sempre presentes em relação às conquistas de seus alunos.

À professora Ercilia Maria Hough, por mais que ensinar técnicas para tradução de audiovisuais, mas por apaixonar seus alunos pela profissão.

Ao amigo-irmão Sérgio Pires por caminharmos juntos nos mais diversos projetos profissionais e de vida, sempre com dedicação e generosidade.

A meu marido, Alex Moletta, a quem considero coautor e parceiro em tudo que faço e que me apresentou o universo do audiovisual. Por apoiar e seguir comigo em minhas mudanças de rumo por sempre me salvar das atualizações tecnológicas que não domino.

Apresentação

Vivemos num mundo onde a linguagem audiovisual ganha cada vez mais importância social nos meios de comunicação. Cinema, telefilme, telenovela, séries, webséries, documentários, animações, programas de entretenimento e jornalismo fazem parte do dia a dia da maioria dos cidadãos.

A abertura de mercado do entretenimento possibilitou a distribuição do conteúdo nacional e internacional de forma massiva e global. Hoje, com o advento da internet, podemos ter acesso a filmes de qualquer continente e nossa produção pode ser vista em qualquer lugar do mundo numa distribuição muito rápida e intensa. Mas tudo isso só é possível por meio da tradução de idioma e contextualização cultural realizada por legendas e dublagem.

A tradução audiovisual está em pleno crescimento e se tornou uma ferramenta de extrema importância para a economia do entretenimento e da informação, mas exige do tradutor, além de grande conhecimento das línguas trabalhadas e muita habilidade, o conhecimento de técnicas e padrões exigidos pelo mercado. No caso das legendas, as limitações de tempo e espaço dificultam o trabalho do tradutor, pois exigem soluções eficazes para transmitir de modo escrito a mensagem falada e, por vezes, essas soluções encontram certa resistência do público leigo, ainda não habituado a "ler" os diálogos num filme. Também objeto de preconceito para uma parcela dos espectadores está a dublagem, que além do trabalho do tradutor, envolve o trabalho de muitos outros profissionais como diretores, editores, técnicos e atores, antes mesmo de chegar ao mercado. Ainda contamos com *Closed Caption* e a audiodescrição para fins de acessibilidade.

Seja qual for o fim, o processo de tradução audiovisual ainda carece de estudos, pois, mesmo havendo divergências ideológicas, ninguém há de negar que esse trabalho permite o maior acesso possível de espectadores a uma obra audiovisual.

Este livro não vem suprir todas as necessidades de quem pretende imergir no universo da legendagem e dublagem, apenas apontar direções e mostrar que a tradução audiovisual não é um bicho-de-sete-cabeças.

Sumário

Capítulo 1

Palavra e Imagem - Um Pouquinho de História

As legendas praticamente nasceram com o cinema. Mas qual a relação da palavra e da imagem no cinema? Alguns podem dizer que é impossível desassociá-las, outros, como Lotte H. Eisner[1], afirmavam que o filme ideal não precisa da palavra, pois a arte visual deveria, por sua própria natureza, narrar uma história completa e unicamente por meio de imagens.

Os amantes do cinema "puro" tentavam os mais diversos meios de retirar a palavra, como, por exemplo, mostrar um relógio acelerado para indicar a passagem do tempo, porém a grande maioria continuava usando-a, mesmo depois da chegada da sonorização. E até hoje, em muitos filmes, temos a narrativa inicial ou final, além das "placas" (texto que aparece no filme como placas, letreiros, avisos, manchetes de jornais, nomes de lugares, títulos etc.) para auxiliar a na compreensão narrativa.

A tradução audiovisual surgiu quando o cinema ganhou o mundo. Apesar do "sentimento" ser uma linguagem universal, houve a necessidade de entender a história que estava sendo apresentada e a solução foi a inserção de intertítulos (minutos depois; no dia seguinte), para serem "lidos" e assim dar amarração dramatúrgica à trama.

Na época do cinema mudo, bastava-se traduzir tais intertítulos para outro idioma. Em países, como Japão e África, esses intertítulos eram retirados e havia um "Explicador" que ficava

---

1 Lotte Henriette Eisner (1896-1983). Historiador, escritor e crítico de cinema.

em pé ao lado da tela explicando o que aparecia nas imagens, pois somente as imagens não eram suficientes para fazer o espectador compreender o filme.

Houve também uma época em que os filmes eram feitos em outros idiomas. O mesmo filme rodado nos Estados Unidos era refilmado com atores estrangeiros, mas isso era muito caro, e devido à depressão mundial de 1931 esse tipo de produção parou. A partir de então, os distribuidores começaram a enviar a versão original para que cada país escolhesse a versão mais apropriada para seu público.

O surgimento das legendas e da dublagem no Brasil foi pouquíssimo documentado. Depois dos intertítulos do cinema mudo, surgiu a parente mais próxima das legendas que conhecemos hoje, por volta de 1910, e eram pequenos blocos de texto inseridos antes das cenas de diálogo, eram no mesmo idioma do filme e começaram a ser traduzidos para o idioma do país que o filme seria exportado. Até então, a tradução audiovisual era realmente um bicho de sete cabeças, pela falta de tecnologia e os altíssimos custos. Anos mais tarde as legendas começaram a ser introduzidas durante a fala dos personagens, possibilitando uma maior integração entre diálogo e cena.

Intertítulos do Cinema Mudo

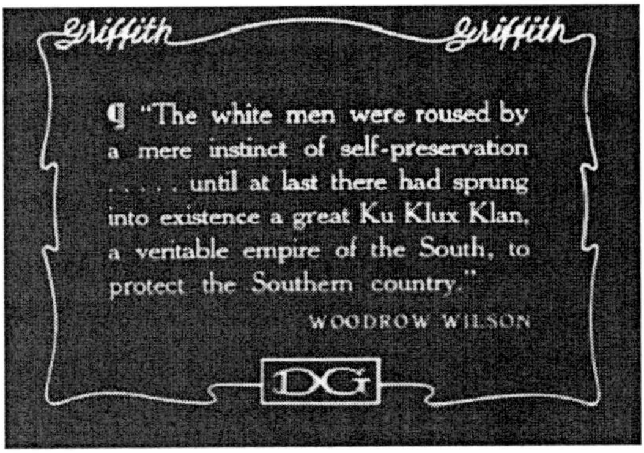

Intertítulo do filme de D. W. Griffith
"O Nascimento de uma Nação" (1915).

Mas e os desenhos animados? Como crianças e adultos sem domínio de leitura poderiam acompanhar as legendas? A solução para essa questão veio com a versão dublada. Em 1930 os diretores americanos Edwin Hopkins e Jacob Karol lançaram o filme *The Flyer* com um sistema de sonorização que permitia substituir as vozes originais por outras gravadas em estúdio, possibilitando o surgimento da dublagem.

A primeira dublagem no Brasil foi documentada. Em 10 de janeiro de 1938 começaram as gravações da dublagem de *Branca de Neve e os Sete Anões*, nos estúdios da CineLab, no Rio de Janeiro, com supervisão da equipe de Walt Disney. Um dos responsáveis pela dublagem foi João de Barro[2], que foi o diretor de dublagem e adaptou as oito canções do filme para o português. Dalva de Oliveira foi a Branca de Neve e Carlos Galhardo, o príncipe.

---

2 Carlos Alberto Ferreira Braga, conhecido como João de Barro ou Braguinha (1907-2006). Compositor brasileiro conhecido principalmente em razão de músicas e marchinhas de carnaval como *Touradas de Madri* (1938), Yes, nós temos banana (1938), entre outras.

Nos anos seguintes, a dublagem no Brasil era feita exclusivamente para os desenhos animados direcionados ao cinema. Os filmes com atores eram legendados, mas no fim da década de 40, o cinema nacional começa a prosperar e, para corrigir problemas de captação de som, começam a utilizar-se da dublagem. O primeiro filme brasileiro dublado gera controvérsias. Alguns dizem que foi *Luar do Sertão*, de 1949, outros que foi *Caiçara*, de 1950, de qualquer modo, a dublagem nacional inicia-se nesse período.

A televisão chega ao Brasil em 1950 e, aos poucos, começa a ganhar espaço. Com a chegada das produções estrangeiras, havia a necessidade de adaptá-las para a audiência nacional, pois os filmes passavam na TV com legendas, mas devido à má qualidade de imagem dos aparelhos da época, eram difíceis de serem lidas. Em 1962, o então presidente Jânio Quadros torna compulsória a dublagem de audiovisuais estrangeiros exibidos na televisão e é decretada a obrigatoriedade de transmissão de 25 minutos de programação nacional por dia.

Mercado audiovisual

Segundo dados do OCA - Observatório Brasileiro do Cinema e do Audiovisual, da Ancine - Agência Nacional do Cinema, de 2008 a 2013 foram lançados 549 longas-metragens brasileiros e 1.454 longas-metragens estrangeiros para o cinema. 6.629 filmes em DVD e 2.309 em Blu-ray. São 188 canais de TV paga com programação 24 horas para 18.019 milhões de assinantes[3], ssem contar as webseries, curtas e médias-metragens produzidos para exibição na internet. Ao menos 85% dessa produção precisou ser legendada ou dublada e a tendência é dobrar essas estatísticas em cinco anos.

3 Não foram considerados os canais pay-per-view, canais de áudio, interativos, televendas, canais abertos e canais locais.

Para dar conta dessa demanda, com excelência, é necessário um grande número de mão de obra especializada. Para uma comunicação audiovisual de qualidade entre culturas diferentes, não basta dominar o idioma do país de origem, mas também ter o domínio do idioma para o qual o audiovisual será traduzido, assim como das técnicas de dublagem e legendagem.

Capítulo 2

Por que Dublar ou Legendar?

Muitos preferem a legenda, pois se mantém o áudio original e a interpretação precisa dos atores, sendo coerente com as imagens que estão sendo apresentadas. Mas como ficam as crianças, idosos, deficientes visuais e multidões de pessoas que não têm fluência na leitura ou não têm domínio do idioma estrangeiro?

Há alguns anos a dublagem brasileira era realmente precária, mas isso é passado. Hoje é considerada uma das melhores do mundo e isso se dá pela seriedade dos profissionais envolvidos. Tradutor, diretores de dublagem, técnicos de gravação e mixagem e é claro, o ator/dublador.

O que antigamente se chamava de "tendência à programação dublada" já se tornou realidade, nos cinemas o número de cópias dubladas já ultrapassou as legendadas. Segundo uma pesquisa sobre Hábitos de Consumo realizada pelo Datafolha[4] o público, seja ele de cinema, DVD, TV aberta ou fechada, tem preferência absoluta por filmes dublados.

Segundo o jornal *Folha de S. Paulo*[5], dublar um filme custa caro, entre 60 e 80 mil reais, mas produtoras investem pesado em versões dubladas, já que o retorno também é garantido. Tanto para Patricia Kamitsuji, diretora-geral da FOX Film do Brasil, quanto para Cesar Silva, diretor-geral da Paramount Pictures

---

4 Pesquisa: Hábitos de consumo no mercado de entretenimento. Disponível em: http://sedcmrj.locaweb.com.br/pesquisa/pesquisa_habitos _consumo_2012.pdf.

5 Jornal *Folha de S. Paulo*. Matéria: "Público quer ver mais filmes dublados". Disponível em: http://www1.folha.uol.com.br/fsp/ilustrad/fq0508200710.htm.

Brasil, é importante oferecer uma opção mais adequada e as versões dubladas ampliam o potencial comercial do filme, pois oferecem uma opção a mais para um grupo de consumidores que eventualmente não veria a versão legendada.

Pautados em pesquisas de mercado como estas, os canais de TV fechada começaram a investir na dublagem de atrações que costumavam ser exibidas com áudio original e legendas. Em contra-ataque surgiu a campanha *Dublado sem opção, não*[6]. A campanha lançada nas redes sociais já reúne mais de nove mil pessoas. O organizador do movimento, o advogado Bruno Carvalho, disse em entrevista à revista Época[7] que é injusto que os canais imponham uma programação dublada. O objetivo é convencer os canais a permitir que o assinante possa escolher sempre entre a versão dublada e a legendada.

É importante destacar que uma não anula a outra, ao contrá¬rio, elas se complementam. Ambas incluem e permitem acesso a um número extraordinário de espectadores no universo audiovisual.

---

6 *Campanha da Sociedade dos Blogs de Séries em prol do direito de escolha* de áudio original e legendas ou dublagem na TV *por assinatura no Brasil.* < http://sociedadedosblogsdeseries.wordpress.com/>.

7 Revista Época. Matéria: "A Dublagem venceu as legendas" disponível em: <http://revistaepoca.globo.com/cultura/noticia/2012/06/dublagem-venceu-legendas.html>.

Capítulo 3

A Tradução e o Tradutor na Linguagem Audiovisual

Quase sempre o tradutor é tratado como aquele que conhece dois ou mais idiomas e passa o texto de uma língua à outra, mas traduzir vai muito além disso. Traduzir é conhecer e reconhecer os componentes significativos de um original e fazer com que esses componentes alcancem a língua-alvo com qualidade.

Há um famoso jogo de palavras em italiano que diz *Traduttore, Traditore*, "Tradutor, traidor", pois todo tradutor teria de ser infiel ao texto original para conseguir adaptá-lo à língua de chegada. Os idiomas trazem falsos cognatos, trocadilhos, expressões só conhecidas em alguns países, palavras sem correspondentes no idioma solicitado, e com isso, se teria uma perda entre 30 e 40% do original.

São muitos os segmentos da tradução. Há a tradução literária, a jurídica, a tradução de manuais, de artigos jornalísticos, de medicina, entre outros. A área textual é muito vasta e, por isso, nem sempre um bom tradutor de romances é um bom tradutor de textos científicos. Cada empresa possui seus tradutores de confiança para cada segmento. E o audiovisual? Não há tradutor audiovisual de assuntos específicos. Ele necessita ser um generalista em curto prazo.

O tradutor de filmes encontra pela frente uma amplitude dos mais variados temas e áreas do conhecimento. Diferentemente da tradução textual, audiovisuais não permitem a utilização de anotações de rodapé ou parênteses explicativos. As adaptações culturais sofrem e, muitas vezes, se perdem porque não há como explicar tudo ao espectador, por isso a importância de uma técnica específica para cada segmento.

Aspectos diferenciados de tradução

Antes de falar das técnicas, vamos falar um pouco sobre as diferenças de traduções?

Tradução textual: tradução de obras como romance, poesia, textos acadêmicos, jurídicos e manuais técnicos, todos seguindo a norma culta e obedecendo à cultura e à dinâmica da língua. É preciso ser o mais fiel possível ao autor, escolhendo muito bem as palavras e fazendo as transformações de estilo o mais próximo possível do original.

Tradução para Legendas: tradução de um texto falado, porém sintético, obedecendo às normas técnicas de formatação (número específico de caracteres e tempos de exibição). Uma legenda deve conter a essência da informação dita pelo personagem no instante de sua fala com ideia completa, ritmo e coerência. A fala normalmente é mais rápida que a leitura e para conseguir tal harmonia temos de usar nossa imaginação, conhecimento do idioma e criatividade.

Tradução para Dublagem: tradução de um texto falado com a adequação ao coloquial, à cultura e às expressões idiomáticas, obedecendo às normas técnicas de formatação para dublagem. Em alguns casos deve acompanhar a métrica do idioma original, a sincronia e o ritmo das falas, em outros, deve ser um pouco resumido (voice over).

Essas diferenças e semelhanças nas traduções serão aprofundadas nos capítulos específicos.

Tradução de títulos

A tradução dos títulos de filmes para os críticos, estudiosos e público em geral é sempre um ponto a ser discutido. Normalmente a culpa pelos títulos "criativos" e, muitas vezes, sem nenhuma conexão com o original, recai sobre o tradutor, mas se desconhece que pouco (ou nada) pode ele interferir na escolha dos títulos traduzidos.

Há uma preocupação, por parte dos distribuidores, em vender os filmes para o espectador por meio dos títulos, e raramente é feita a tradução literal para o português. Para as distribuidoras a adaptação aproxima o filme do seu público e assim eles tentam ligar o título original a propósitos comerciais.

Segundo o autor Iuri Abreu (2013), grande parte dos títulos em português, dos engraçados aos estranhos, se preocupa em explicar qual o tema ou o gênero do filme. "Muitos nomes em inglês são enigmáticos, não dão a menor ideia da história. No Brasil há uma tentativa de explicitar, dar uma dica, não deixar dúvida".

Vamos a alguns exemplos?

PEGANDO CARONA: *Total Recall* ganhou o nome "Vingador do Futuro[8]". Vamos explorar. Vingador? O filme fala de lembranças (reais ou implantadas) feitas pela empresa de nome Recall. Não é um filme vingança. Futuro? Até tem um futurinho, mas foi uma tentativa óbvia (que deu certo) de atrair o público de Arnold, que anos antes havia estrelado com sucesso o "Exterminador do Futuro"[9], e todos sabemos que a propaganda é alma do negócio.

A ONDA DOS SUBTÍTULOS. Mais redundante impossível: "Taxi Driver - Motorista de Táxi[10]", "Shine - Brilhante[11]". Explicar direitinho para não confundir: *Ghost* não é um filme de

---

8 Título original "Total Recall", direção de Paul Verhoeven, roteiro de Gary Goldman, Ronald Shusett, Dan O'Bannon, baseado no romance *We Can Remember It for You Wholesale*, de Philip K. Dick, Estados Unidos, 1990, **Distribuidora: Tristar Pictures.**

9 Título original "The Terminator", direção de James Cameron, roteiro de James Cameron, Gale Anne e Hurd William Wisher, Jr. Estados Unidos, 1984, **Distribuidora:** Orion Pictures / FOX filmes.

10 Título original "Taxi Driver", direção de Martin Scorsese, roteiro de Paul Schrader. Estados Unidos, 1976, **Distribuidora:** Columbia Pictures.

11 Título original "Shine", direção de Scott Hicks, roteiro de Jan Sardi. Austrália, 1996, **Distribuidora:** Walt Disney Pictures.

fantasmas, mas é "Ghost, Do Outro Lado da Vida[12]", um filme de fantasmas que amam mesmo estar do outro lado. Deixar engraçadinho: *Parenthood,* algo como Paternidade não seria um título interessante, então se mantém o nome original e se acrescenta... "*Parenthood* - O Tiro Que Não Saiu pela Culatra[13]". Isso chama a atenção.

ENTREGANDO O JOGO: *Revolutionary Road* teve sua tradução ao português com "Foi Apenas um Sonho[14]", só faltou acrescentar "...que não deu certo". *Sabotage* de Hithcock, por mais incrível que possa parecer, saiu inicialmente com o título "O Marido Era o Culpado[15]", somente depois a distribuidora alterou para Sabotagem.

VENDENDO A PERSONAGEM DO FILME: *Erin Brockovich* é "Erin Brockovich - Uma Mulher de Talento[16]". *Michael Clayton* é "Conduta de Risco: A Verdade é Aquela que Ele Faz[17]". Em ambos os casos, somos motivados a assistir aos filmes pela promessa da carga emocional dos protagonistas explicada já nos subtítulos.

Mas há exceções, primorosas por sinal. Quem se interessaria em assistir filmes como *Café da manhã na Tyffany's*, *Rio Místico*, *Pirilampos no Jardim* ou *Mandíbula*? Mas o inesquecível

---

12 Título original "Ghost", direção de Jerry Zucker, roteiro de Bruce Joel Rubi. Estados Unidos, 1990, **Distribuidora:** Paramount Pictures.

13 Título original "Parenthood", direção de Ron Howard, roteiro de Lowell Ganz, Babaloo Mandel e Ron Howard. Estados Unidos, 1990, **Distribuidora:** CIC/Universal Pictures.

14 Título original "Revolutionary Road", direção de Sam Mendes, roteiro de Justin Haythe, baseado no romance *Revolutionary Road*, de Richard Yates. Estados Unidos, 2008, **Distribuidora:** Paramount Pictures.

15 Título original "Sabotage", direção de Alfred Hitchcock, roteiro de Joseph Conrad e Charles Bennett. Reino Unido, 1936, **Distribuidora:** Gaumont British Distributors.

16 Título original "Erin Brockovich", direção de Steven Soderbergh, roteiro de Susannah Grant. Estados Unidos, 2000, **Distribuidora:** Columbia TriStar.

17 Título original "Michael Clayton", direção e roteiro de Tony Gilroy. Estados Unidos, 2007, **Distribuidora:** Imagem Filmes.

"Bonequinha de Luxo[18]", o contundente "Sobre Meninos e Lobos[19]", o intimista "Um Segredo Entre Nós[20]" e o aterrorizante "Tubarão[21]"... Sucesso garantido.

Os títulos de filmes devem fazer parte da arte do país que o produziu, mas também devem levar em conta que cada país tem sua própria cultura e ponto de vista. Poucas vezes o cliente pedirá sugestões de títulos ao tradutor, mas caso isso ocorra, use o bom senso.

Material de apoio

O tradutor precisa ser fiel ao tema tratado no filme e independente dos diversos gêneros e linguagens, temos um universo de situações que nem sempre são corriqueiras ao tradutor, por exemplo, gostar de vinhos não significa ser enólogo. O tradutor pode não saber o que é um **Barolo**[22] ou um **Chateau Lafite**[23], muito menos que um fungo de nome estranho como Botrytis Cinerea[24] seja fundamental em determinado vinhedo, mas se o tradutor recebe um documentário específico sobre os mais apreciados vinhos do mundo possivelmente encontrará esses nomes. Por

---

18 Título original "Breakfast at Tiffany's", direção de Blake Edwards, roteiro de George Axelrod, baseado no romance homônimo de Truman Capote. Estados Unidos, 1961, **Distribuidora:** Paramount Pictures.

19 Título original "Mystic River", direção de Clint Eastwood, roteiro de Brian Helgeland, baseado no romance homônimo de Dennis Lehane. Estados Unidos, 2003, **Distribuidora:** Warner Bros.

20 Título original "Fireflies on the Garden", direção e roteiro de Dennis Lee. Estados Unidos, 2008, **Distribuidora:** Universal Pictures.

21 Título original "Jaws", direção de Steven Spielberg, roteiro de Carl Gottlieb. Estados Unidos, 1975, **Distribuidora:** Universal Pictures.

22 Barolo é um vinho produzido no noroeste da Itália, sob DOCG ou "Denominação de Origem Controlada e Garantida". Ficou conhecido como o Rei dos Vinhos e o Vinho dos Reis.

23 Chateau Lafite é considerado o vinho mais caro do mundo. Faz parte dos cinco Premiers Grand Cru de Bordeaux, cinco vinhos míticos.

24 Botrytis Cinerea, fungo responsável pela desidratação das uvas, promovendo naturalmente um vinho doce, um dos mais valorizados do mundo.

isso, conhecer o universo de assuntos tratados em uma obra é fundamental, pois um detalhe pode ser de muita importância no enredo.

Para essa pesquisa é necessário o uso dos mais diversos dicionários (*on-line* e físicos), mapas, livros, revistas, gramáticas etc. A internet é uma fabulosa fonte de pesquisa, a vida do tradutor antes dela era bem mais difícil, mas não podemos confiar em tudo que está escrito. Temos de procurar *sites* confiáveis e sempre conferir qualquer que seja a informação. Buscar nomenclaturas em *sites* do governo ou de peritos no tema exposto, perguntar em fóruns destinados ao tema, ou seja, somente passar para o papel depois de ter certeza.

Vá criando seu próprio glossário com termos, gírias, expressões idiomáticas e falsos amigos que você for encontrando. Em alguns anos é inacreditável a quantidade de material adquirido.

É muito interessante também no caso de séries, novelas ou sequência de filmes que se conheça todo seu histórico. Por ser continuado, muitas vezes, um determinado fato ocorrido no primeiro episódio pode exigir a escolha de um termo específico ou diferenciado para a tradução no trigésimo episódio.

Para o caso de material técnico, peça para o cliente um glossário dos termos muito específicos (nomes de maquinários, por exemplo).

O tradutor audiovisual é o encarregado de transmitir a mensagem ao público. Durante a tradução ele vai assistindo ao filme e percebendo seus significados, ou seja, traduzir um audiovisual é mais que traduzir um roteiro, pois além das falas, a imagem e a sequência das cenas serão o seu objeto de trabalho. O tradutor que deseja atuar na área audiovisual está diante de um processo rigoroso e delicado, que exige muita habilidade, percepção e dedicação, pois é necessário seguir à risca várias normas técnicas e, consequentemente, adaptar sua tradução a essas normas.

A tradução SEMPRE deverá respeitar a ambientação filme. Um filme passado no século 19 não permite gírias. Um filme sobre traficantes numa comunidade carente não pode ter uma linguagem erudita. Adequação a época, local e terminologias já existentes em outras adaptações é fundamental.

É sempre bom assistir ao filme antes de começar a trabalhar, assim o tradutor já pode se ambientar e perceber qual será a linguagem e o contexto. Muitas vezes, algo simples vai se fortalecendo durante a trama, e somente no final sabemos seu verdadeiro e grandioso significado, o que pode interferir diretamente em nosso trabalho.

Cuidado com regionalismos. Lembre-se de que um trabalho feito no sul, certamente será assistido no nordeste, ou vice-versa e precisa ser «entendível». Tenha cuidado ao traduzir gírias ou expressões particulares de cada região, é preciso adequá-las para o acesso ao público em todo o país.

Adapte, sempre que possível, piadas ou trocadilhos, mas não substitua nomes de pessoas ou lugares para tornar o texto "compreensível".

Cuidado com gírias e palavrões por mais «transgressor» que seja um filme. Gíria, na maioria das vezes, é uma coisa de momento e o filme é eterno.

Sobre os palavrões... Escutar um palavrão é sempre mais leve do que LER um palavrão. A grande maioria das empresas não admite o uso de palavras de baixo calão, por isso é tão comum ouvirmos o personagem de um filme cheio de traficantes no bairro do Bronx dizendo: «Fuck you» e lermos na legenda: «Vá se danar» ou «Vá se ferrar». Caso for trabalhar com um filme assim, SEMPRE pergunte ao cliente o que pode ou não.

Falsos amigos ou falsos cognatos[25] e expressões idiomáticas também requerem grande atenção. Imagine uma tradução literal do nosso "Vai catar coquinho" ou "Chutando o pau da barraca"?

Muitas vezes, as pessoas criticam a tradução de um filme,

---

25 Falsos cognatos são palavras que possuem a mesma origem, tendo, portanto, ortografia ou fonética semelhantes, porém por causa da evolução de cada língua podem apresentar significados diferentes para cada país.

mas não sabem como é rigoroso e delicado o processo de traduzir e criar legendas ou textos para dublagem por conta da "técnica" necessária.

Munidos dessas informações como iniciar a criação de uma legenda ou um texto para dublagem de uma obra audiovisual? Vamos à parte técnica?

Equipamentos

Serão necessários um Desktop ou notebook com configuração adequada para trabalhar com software de formatação de texto (Word), um software de criação de legendas e um reprodutor de vídeos.

Caixas de som e fones de ouvido de boa qualidade, com controle de volume.

Mouse, teclado, cadeira e mouse pad ergonômicos, pois cuidados com a saúde são indispensáveis.

Material de trabalho

As empresas hoje, normalmente, colocam uma cópia do filme em uma pasta virtual para que se faça a transferência via FTP[26] ou WeTransfer[27]. Para isso, a empresa manda os dados (registro, senha, nome de usuário) ou o link para que se possa fazer o download. Isso elimina a necessidade de envio de CDs, DVDs ou Fitas de Vídeo.

Script

Também conhecido como ROTEIRO. São as falas do texto e serve para orientar o tradutor na hora da tradução, da divisão das legendas, para se conhecer os personagens por seus devidos

---

26 **FTP** significa File Transfer Protocol (Protocolo de Transferência de Arquivos), e é uma forma bastante rápida e versátil de transferir arquivos (também conhecidos como ficheiros), sendo uma das mais usadas na internet.

27 **WeTransfer** é um *site* de transferência de arquivos até 2Gb baseado na Web que faz o processo de envio e recebimento de arquivos na internet uma tarefa muito simples.

nomes ou para elucidar algo que foi dito e não se entende pelo áudio ou diálogos do filme.

Nem sempre recebemos o roteiro "final" do filme. Falas e cenas podem ter sido cortadas ou acrescentadas. Às vezes, um filme é feito em um idioma, foi traduzido para outro e é a partir desse roteiro que se trabalha. Devemos prestar atenção ao que é dito na obra, pois muitas vezes o roteiro pode apresentar erros graves de tradução ou falas completamente equivocadas. Então, mesmo com o roteiro na mão, deve-se sempre conferir o áudio (ou imagens) do filme, pois sempre o que foi dito deve prevalecer.

Vale ressaltar que o tradutor pode receber o filme original em um idioma (japonês, francês, dinamarquês) e o roteiro já ser a versão desse filme em outro idioma (inglês, espanhol), nesse caso, além de prestar muita atenção ao roteiro, pois não é o roteiro original e pode haver erros de tradução, é necessário perceber o contexto visual do filme para ver se o que é escrito coincide com o que é visto.

Vejamos alguns exemplos de roteiro:

18 EXT. ZONA TERRAZAS CENTRO - NOCHE 18

EL CHINO
¡Hache! ¡Eh, Hache!

HACHE
Chino. ¿Cómo andas?

EL CHINO
Bueno, la cosas han estado aburridas por aquí...
No sabía que habías vuelto. Bienvenido.
Oye, que ahora rulo con tus colegas y
hemos quedado para cenar esta noche.
¿Por qué no te pasas?

HACHE
Bueno, ya veré

VOZ JEFE TERRAZA
¡Chino, la cuatro!

O roteiro do filme "Sou louco por você[28]" é um típico roteiro de gravação, em que vemos o cabeçalho de descrição da ambientação da cena que será gravada, o nome dos personagens que estarão na cena e suas respectivas falas. Esse é o exemplo de um script que pode haver diferença de texto do roteiro para o audiovisual, já que os atores gravando a cena, podem ter alterado algum diálogo com a aprovação do diretor. Serve então como um guia, mas para a tradução deve prevalecer o que foi dito na obra.

O roteiro abaixo, do desenho «Super Onze»[29], já é um roteiro de texto de dublagem produzido em outro país. Temos na primeira coluna a sigla T.C. para a marcação do tempo de entrada da fala dos personagens, na segunda, o nome do personagem e na terceira coluna, as falas.

T.C.	PERSONAJE(S)	DIÁLOGO
0001	ENDO	¡HOLA AMIGOS! ANTES DE VER LOS SÚPER ONCE, NO OLVIDEN ENCENDER LAS LUCES DE LA HABITACIÓN Y NO SE ACERQUEN MUCHO AL TELEVISOR!
0011	KAKUMA	¡HAN DESTRUIDO SU DEFENSA DE ACERO! / ¡LO QUE PARECÍA UNA DEFENSA PERFECTA, FUE HECHA PEDAZOS POR ÉPSILON! / ¡Y AHORA SUENA EL SILBATO! ¡Y TERMINA EL PRIMER TIEMPO, EL EQUIPO DE ÉPSILON ES QUIEN LLEVA LA VENTAJA POR UN PUNTO!
0038	ENDO	¿POR QUÉ? / ABUELO... / DIME ¿POR QUÉ? SE SUPONE QUE EL PUÑO DE LA JUSTICIA ES LA TÉCNICA MÁS PODEROSA QUE PUEDE REALIZAR UN PORTERO... // ABRES LA PALMA DE TU MANO, DESPUÉS LA CIERRAS, PRAAS, BUUM, KABUUM... / ESTOY SEGURO QUE ESOS SON LOS PASOS. / SIN EMBARGO, NO FUNCIONÓ... / ¿SERÁ PORQUÉ NO ESTÁ PERFECCIONADA? // ¿QUÉ SERÁ? ¿QUÉ LE HACE FALTA? DIME, ABUELO.
0110	TACHIMUKAI	LUCE PREOCUPADO...
0112	TSUNAMI	¡TONTERÍAS! ¡SI EL PUÑO DE LA JUSTICIA NO FUNCIONA! ¡NOSOTROS DEBEMOS REFORZAR LA LÍNEA DE DEFENSA! / ¿O NO?
0120	KABEYAMA	¡SÍ, TSUNAMI TIENE RAZÓN! ¡PROMETO ESFORZARME EL DOBLE!
0123	TOKO	¡MJM!

O script do filme "A Pele que Habito"[30] é mais completo. Tem na primeira coluna o nome dos personagens e suas falas origi-

28 Título original "Tengo ganas de Ti", direção de Fernando González Molina, roteiro de Ramón Salazar; baseado no romance *Tengo ganas de ti*, de Federico Moccia, Espanha, 2012, **Distribuidora:** Warner Bros. Pictures International España.

29 Título original: INAZUMA ELEVEN. Série japonesa de desenhos baseada no jogo de *videogame* desenvolvido pela LEVEL-5 para Nintendo Ds. No Brasil veiculada pela Rede TV.

30 Título original: "La piel que habito", direção e roteiro de Pedro Almodóvar baseado no romance de Thierry Jonquet, Espanha 2011, Distribuidora: Buena Vista International Spain.

nais. Na segunda coluna temos dois números, o primeiro "5" relativo ao número do rolo do filme e o arquivo correspondente, ou seja, o quinto arquivo de roteiro. O segundo número "1, 2, 3", que vai em ordem crescente, é o número da legenda no arquivo. Na coluna "START" temos o momento exato da entrada da legenda e na coluna "END" o momento de saída da legenda da tela. Na coluna "SUBTITLE" é a legenda já dividida e traduzida ao idioma pretendido.

DIALOGUE	No.	START	END	SUBTITLE
VICENTE ¡Eh! ¡Aquí! ¡Eh, eh, por favor!¡Por favor, sáqueme de aquí! ¡Socorro, sáqueme de aquí!	5-1	124.11	130.3	Over here! Please! Get me out of here!
¡Tengo sed y tengo mucha hambre!	5-2	130.11	134.10	Help! Get me out of here!
	5-3	136.6	138.3	I'm thirsty
	5-4	138.15	141.7	and I'm starving.
ROBERT Ahora comerás y beberás...	5-5	142.8	145.2	You'll eat and drink now.
VICENTE ¡Yo no he hecho nada...! ¡Esto es un error!	5-6	145.8	147.10	I haven't done anything!
	5-7	148.2	150.3	This is a mistake!
ROBERT Puede ser, todo el mundo se equivoca...	5-8	150.8	152.4	Possibly.
	5-9	152.10	155.9	Everyone makes mistakes.
VICENTE ¡Sal, hijo de puta! ¡Y suéltame ya!	5-10	156.11	160.13	Come over here, you bastard, and set me free!
ROBERT ¡Vuélvete!	5-11	178.0	179.11	Turn around!
Voy a encadenarte más cerca de la mesa.	5-12	226.2	229.0	I'm chaining you nearer to the table.

Seja qual for o modelo de roteiro ele servirá para guiar e auxiliar na tradução, ele nunca deve ser seguido à risca, pois, como mencionado anteriormente, a prioridade é sempre o que é dito na obra audiovisual.

Trabalhando sem roteiro

Muitos filmes, institucionais e vídeos técnicos chegam sem roteiro e isso pode ser um problema. O "sotaque" de um mesmo idioma muda de um país para outro e, às vezes, até de um estado ou distrito para outro, além, é claro, de vasto vocabulário que pode dificultar o processo de tradução.

Ninguém é obrigado a conhecer "tudo" de todos os lugares, porém o trabalho é sempre o mais importante, portando, sempre ao receber um trabalho sem roteiro, assista-o inteiro e veja se pode ou não fazê-lo com qualidade. Em caso de dúvidas, é preferível devolver a comprometê-lo com uma tradução imprecisa. Devolver um trabalho não é vergonhoso, vergonhoso é entregar um trabalho sem qualidade.

Com roteiro ou sem roteiro, é o "cliente" quem vai dizer que tipo de tradução será feita. Legenda ou dublagem? Cada uma tem sua técnica específica. Vamos a elas.

Capítulo 4

Técnicas de Tradução para Legenda

Definição segundo o *Houaiss*: LEGENDA

> **8** *cine tv vídeo* letreiro sobreposto à imagem dos filmes estrangeiros, gerado na parte inferior do enquadramento, que fornece, no idioma do país exibidor, um resumo de tradução da fala dos personagens, quando esta não é dublada.

As legendas correspondem ao diálogo de um vídeo em formato de texto escrito. Às vezes, incluem também informações para ajudar as pessoas a acompanhar o diálogo, por isso é importante saber interpretar, ter sensibilidade e amplo conhecimento do idioma original e do idioma a ser traduzido. Elas tornam os vídeos acessíveis a um público mais vasto, permitindo, por exemplo, que pessoas portadoras de algum tipo de deficiência, possam acompanhar o vídeo.

A legenda que vemos em filmes, séries e obras audiovisuais em geral, é chamada de *legenda aberta*. É sobreposta à imagem antes da transmissão ou exibição. Pode ser com transmissão por satélite, "queimada" na película (cinema) ou gravada digitalmente no menu do DVD, tendo a opção de idioma que se queira assistir.

Muitos são os defensores das legendas, nesse momento em que entramos na "era da dublagem" por questões de acessibilidade e mercado. Alguns chegam a afirmar que o declínio das legendas traz prejuízo aos espectadores por alterar as falas e intenções originais. As defesas mais comuns são: incluem os portadores de necessidades especiais auditivas, estimulam a leitura, o som é 100% original, que se pode aperfeiçoar ou aprender um idioma estrangeiro, e por aí vai. Seja como for, as legendas estão conosco desde o cinema mudo, e dificilmente, nos deixarão.

Processo de legendagem

O processo para um audiovisual legendado passa por várias etapas. O cliente encomenda o serviço e entrega cópia do material à empresa de legendagem. A empresa busca o tradutor mais apropriado para esse serviço específico que o cliente deseja e lhe envia roteiro (se houver) e a cópia do material, acertando prazos e os padrões da empresa. Ao concluir o trabalho de tradução, o tradutor devolve o roteiro traduzido e com a divisão das legendas segundo as normas. O texto vai para as mãos do timeador ou marcador de legendas. Com as legendas sincronizadas é preciso revisá-las e, se preciso, readequá-las. Esse trabalho é realizado pelo copydesk ou revisor. Com texto e legendas corretas, é feita a autoração ou queima das legendas. Com a aprovação do cliente, o trabalho está pronto.

Com o som original e a visualização do filme na tela a legenda deve conter a essência da informação dita pelo personagem no instante de sua fala. Deve conter a ideia completa, ritmo e coerência.

Pela parte prática, devemos lembrar que uma boa divisão de legendas facilitará a leitura e, consequentemente, a compreensão do filme, além de facilitar o trabalho de *timeação* que falaremos mais adiante.

Divisão de legendas - "SPOTTING"

Spotting é a divisão das legendas que devem ter no máximo duas linhas. Há dois problemas grandes na legendagem:

- Tempo de exposição - A fala é muito mais ágil que a leitura.

- Tempo de leitura da legenda - Tempo hábil suficiente para a leitura.

Nos dois casos, é preciso buscar harmonia descrita, e para isso só há uma fórmula: "Conhecimento+criatividade+técnica".

Todos os problemas serão relativos a esses tempos. O principal é que a divisão acompanhe o ritmo das falas, aproveite as pausas naturais, as hesitações, o ritmo geral do filme, buscando um equilíbrio visual.

Dividir as legendas, sempre que possível, completando a frase ou nas pausas naturais. Nunca dividir sílabas, separar nomes, evitar separar ideias, verbo e complemento, substantivo e complemento.

LEG	"Legenda Inadequada"	"Legenda Adequada"
Leg 1	Victor, você poderia me dar umas aulas	Victor, você poderia me dar umas aulas de gramática?
Leg 2	-de gramática? -Agora?	-Agora? -É.
Leg 3	-É. -Agora eu não posso, Jaqueline.	Agora eu não posso, Jaqueline. Mais tarde.
Leg 4	-Mais tarde. -Eu preciso terminar	-Preciso terminar algumas coisas. -Mais tarde, então?
Leg 5	- algumas coisas. -Mais tarde, então?	-Mais tarde. -Obrigada.
Leg 6	-Mais tarde. -Obrigada.	

Repare que na coluna de "Legenda Inadequada" a divisão quebra a sequência das falas, isso dificulta o entendimento e em-baralha o campo de visão. Já na coluna de "Legenda Adequada" o diálogo flui com mais naturalidade e ainda há diminuição do número de legendas, o que torna a leitura mais agradável.

Usando a síntese:

As legendas devem ser inseridas no momento em que o personagem fala e deve haver harmonia entre o espaço da fala e o tempo de leitura. A fala normalmente é mais rápida que a leitura e para conseguir tal harmonia temos de usar nossa imaginação, conhecimento do idioma e nossa criatividade. Por isso, fazer legenda, apesar do aparato técnico, é também uma arte, a arte de recriar significados usando a síntese.

LEG	"Legenda Inadequada"	"Legenda Adequada"
Leg 1	Esta manhã acordei e fui à feira. Comprei morango, banana, uva,	Esta manhã fui à feira.
Leg 2	pimentão, pepino, alface e acelga.	Comprei frutas, verduras e legumes.
Leg 3	O dinheiro que eu lhe dei foi o suficiente	O dinheiro que lhe dei foi suficiente?
Leg 4	para comprar o que precisava?	Sim, e ainda sobrou para o mercado.
Leg 5	Sim, ainda sobraram alguns trocados para ir ao mercado.	-Precisa de mais? -Não, o que tenho é suficiente.
Leg 6	Precisa de mais dinheiro para ir ao mercado?	
Leg 7	Não, o que tenho é suficiente para as compras.	

Repare que na "Legenda Inadequada" há um excesso de informações sobre os itens comprados que, caso não sejam essenciais à trama, podem ser substituídos para a dinâmica da legenda. Por exemplo, caso o morango não seja o causador de uma intoxicação que a personagem vá sofrer, podemos substituir "morango, banana, uva" por um termo como "frutas". A omissão de termos repetitivos, que já estejam subentendidos, como no exemplo acima na palavra "dinheiro", também auxilia na busca de uma forma mais sintética e ágil.

No caso de legendas com duas linhas, sempre que possível, é interessante deixar a primeira mais curta do que a segunda, como se fosse uma pirâmide, também é muito importante evitar legendas "iguais". O "desenho" deve variar, pois isso ajuda na fluência da leitura. A monotonia de desenho da legenda, às vezes, não nos permite perceber que ela mudou e deixamos de lê-la. Se isso acontecer podemos passar a não compreender determinada passagem do filme.

Nos exemplos abaixo, note a preocupação para se diminuir o máximo possível o número de caracteres da tradução (levando em conta o entendimento do que está sendo dito e o tempo que se terá para ler):

espanhol	Déjame mostrarte una cosa sobre Juan.	37
Literal	Deixe-me mostrar uma coisa para você sobre o Juan.	50
1ª tentativa	Deixe-me mostrar-lhe uma coisa sobre o Juan.	44
Ideal	Vou lhe mostrar algo sobre o Juan.	34

espanhol	En realidad, sabes que eso nunca fue un gran problema.	57
Literal	Na realidade você sabe que isso nunca foi um grande problema.	61
1ª tentativa	Na verdade, você sabe que isso nunca foi um problema.	53
Ideal	Você bem sabe que isso nunca foi um problema.	45
Ideal	Sabe bem que isso nunca foi problema.	37
Desespero!	Isso nunca foi problema.	24

Número de caracteres - "TIMING"

O espaço disponível para o texto de legenda na tela é de no máximo duas linhas. O tempo que ela vai permanecer na tela vai depender de vários fatores.

O primeiro fator é o número de caracteres por linha, que varia muito. No cinema, as legendas normalmente compõem-se de, no máximo, duas linhas com 35 a 44 caracteres cada. Na televisão / vídeo / DVD, as legendas compõem-se de duas linhas entre 26 e 32 caracteres, incluindo espaçamento e pontuação. Cada cliente informará seu padrão. Se não informar, pergunte. Não existe uma regra sobre número de caracteres, pois depende do software que será usado pela empresa que fará a autoração[31] do filme, se é para TV, para cinema etc.

Padrão é o termo utilizado para um conjunto de normas técnicas que as produtoras utilizam e que vão reger todos os trabalhos de legenda ou dublagem. Isso envolve linguagem, número de caracteres, divisão, estética de legendas, formatação de texto etc. Normalmente cada cliente tem o seu padrão, porém com o crescimento do mercado e, por conseguinte, o volume de trabalho, muitas empresas deixam na mão do tradutor (como se ele adivinhasse) a excelência do trabalho, porém são coisas diferentes. O melhor para uma empresa nem sempre é o perfeito para a outra. Então, sempre pergunte.

Porém, seja qual for o padrão, continuarão valendo as regras de linguagem, divisão, síntese, ou até da omissão de termos corriqueiros, que já foram subentendidos para facilitar a leitura ou não "poluir" a tela.

O tempo de tela para cada legenda depende de três fatores: quantidade de texto, a velocidade para leitura (normalmente entre 150 a 180 palavras por minuto) e os intervalos entre uma legenda e outra, que normalmente são de meio segundo.

No caso de "placas" (texto que aparece no filme como placas, letreiros, avisos, manchetes de jornais, nomes de lugares, títulos etc.) o número de caracteres por linha cai para 20 e deve ser escrito em CAIXA ALTA.

---

31 Autoração é o processo de criação e finalização do filme para as mídias de DVD ou Blu-Ray, ou formato específico para a exibição em TV ou cinema.

Duração de legenda

Segundo Alvarenga (2000), convencionou-se que o tempo médio de leitura de cada legenda de duas linhas de 30 caracteres cada, na tela, é de quatro segundos. Fazendo as divisões proporcionais:

- Até 15 caracteres - 1 linha - 1 segundo de leitura;
- 30 caracteres - 1 linha - 2 segundos de leitura;
- 45 caracteres - 1 linha e meia - 3 segundos de leitura;
- 60 caracteres - 2 linhas - 4 segundos de leitura.

Resumindo, a duração das legendas normalmente é calculada com base de 15 caracteres por segundo com margem de 20% para mais ou para menos.

Devem-se evitar legendas com menos de 1,4 segundos (que dificulta a leitura por ser muito rápida) e mais de 4,5 segundos (que polui visualmente a tela ficando tempo demais), salvo, claro, todas as exceções possíveis.

Legendas com mais 5 segundos, não sendo em músicas, placas, título, quase sempre ficariam melhor se divididas em duas legendas de 2, 3 segundos.

Duas legendas consecutivas, de aproximadamente um segundo cada, ditas por personagens diferentes, normalmente são mais bem compreendidas se formarem uma legenda em diálogo de mais ou menos 2 segundos.

No caso de diálogos entre dois personagens na mesma legenda deve-se usar sempre travessão, SEM ESPAÇO entre ele e o caractere.

-Oi, Ana.

-Oi, Tereza. E a família?

Uma última dica é evitar legendas de uma linha muito compridas. "Quebrar", sempre que possível, nas pausas naturais ou no final de um pensamento.

Time code

O TCR (Time Code Reading) é um código de oito dígitos que permite a localização precisa de pontos de áudio e vídeo durante a edição e, consequentemente, para a tradução. Um ponto designado por time code não varia nunca, nem de uma sessão de edição para outra, nem de uma máquina para outra, nem de país para país, por isso, sempre que o filme vier com um é por ele que você deve se guiar. Caso o vídeo não apresente time code, o guia será o do próprio player de vídeo.

TCR	01	:	00	:	00	:	00
	HORA		MINUTO		SEGUNDO		QUADRO OU FRAME

Vamos sempre "desconsiderar" o tempo do quadro (ou frame) e trabalhar com minutos e segundos. Isso nos guiará na divisão das legendas para que nenhuma fique sobreposta à outra. Uma legenda sobreposta é quando o tempo de entrada de uma legenda fica antes da saída da legenda anterior. Há uma sobreposição de uma legenda com a outra. Em alguns programas as legendas aparecerão encavaladas, em outros softwares elas simplesmente desaparecerão e não teremos as falas das personagens.

Por ser um número de oito dígitos, pode parecer complicado, mas o seu significado é bem simples. Os primeiros números se referem à hora - que vão de 00 a 23, os minutos e segundos vão de 00 a 59, como um relógio, e os quadros de vídeo vão de 00 a 29,97 no sistema NTSC adotado no Brasil (29,97 frames equivalem a um segundo).

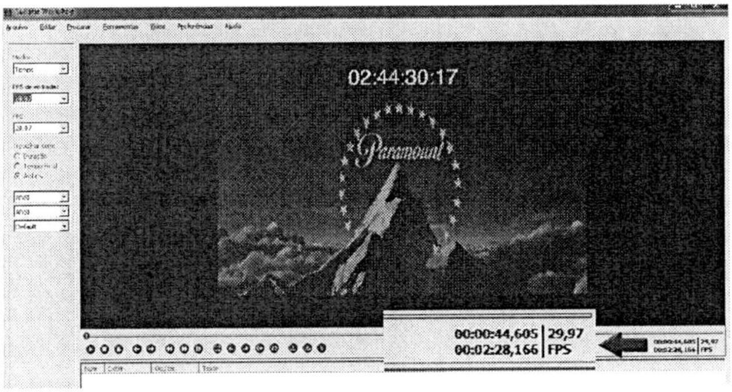

Veja abaixo um exemplo do TCR na tela do vídeo assistido num software próprio para tradução de legendas.

No exemplo acima temos o TCR do filme em amarelo no centro do vídeo que corresponde ao momento exato da cena gravada e abaixo (em destaque maior) o tempo da reprodução no programa criação e edição de legendas. Repare que os números não batem, porque o TCR do player corresponde ao tempo real de exibição no software de vídeo e não obedece ao tempo real do filme. Deve-se sempre obedecer ao TCR do filme, pois é ele que guiará o software de autoração, já que possui a minutagem "oficial" do filme. Só usamos o TCR do player de vídeo no caso do filme vir sem o time code gravado no vídeo.

Tradução para legenda

TRADUZIR

- Nomes de lugares (países, cidades e bairros),
- Nomes de obras citadas (filmes, músicas, livros, mas procurar o correspondente no idioma traduzido),
- Expressões idiomáticas por alguma expressão com sentido semelhante no idioma traduzido,

- Placas (Palavras que apareçam escritas na cena: letreiros, documentos, mensagens no computador),
- Pesos e Medidas (se a forma não for universal, converta para o sistema de medida utilizada no idioma),
- Siglas (se não for de uso consagrado, converta para o sistema do idioma),
- Temperatura (Nosso sistema é graus Celsius ou Centígrados),
- Músicas (que tenham função na trama).

NÃO TRADUZIR (salvo orientação do cliente)

- Nomes de personagens (mesmo que haja correspondência no idioma traduzido),
- Expressões em outra língua que não a original da fala.

  Exemplo:

Original em inglês:	"Yo no hablo spanish!"
Tradução:	"Yo no hablo espanhol!"

EVITAR (a menos que o contexto exija e o cliente libere)

- Palavrões ou palavras de baixo calão,
- Gírias locais e regionalismos.

Formatação

Passar a fala para a escrita dentro do espaço da tela é uma tarefa bastante difícil. Para o entendimento do público/leitor foram adotados padrões de formatação para facilitar sua leitura e compreensão. A estética visual e o desenho do texto, como já falamos, são os principais, porém há ainda outros:

Itálico

O símbolo normalmente é [. Quando usado somente no início, ele marca toda a legenda como itálico. Se for somente um trecho, se abre e fecha o colchete. [*O mar*]. Para outros programas pode ser o asterisco (*). É usado para:

- Narrador,
- Voz em "OFF" (fora da cena),
- Pensamento do personagem,
- Vozes metálicas ou distorcidas por algum filtro (telefone, microfone, TV, rádio),
- Letras de música,
- Palavras estrangeiras,
- Em alguns casos (dependendo do padrão) em trechos de outro idioma, nomes de conceitos, teorias ou citação de nomes.

Travessão/ hífen

Usado em legendas que contenham falas de personagens diferentes, sem espaço.

-Quem é você? (personagem 01)

-Sou Ana, a nova empregada. (personagem 02)

Caixa alta

- Placas (Texto que aparece no filme como placas, letreiros, avisos, manchetes de jornais, nomes de lugares, títulos etc.),
- Siglas (ONU, UNESCO, DVD, CD, TV, HDTV etc...).

Aspas

Para destacar algo que não é do personagem.

- Trechos em outro idioma,
- Cartas, poesia,
- Discurso indireto,
- Citações, títulos,
- Nominação de conceitos ou teorias.

Reticências

Só use como pontuação, hesitação ou interrupção de fala.

Normalmente não se usa na divisão de legenda de fala de um mesmo personagem. (Só faça se o cliente pedir)

Ponto de exclamação

Use com moderação. O uso exagerado incomoda a leitura e ocupa, desnecessariamente, número de caracteres na legenda.

Nunca use: **Que legal!!!!!**

Medidas

- Use sempre no sistema brasileiro. (quilômetros, metros, litros, graus Celsius, hectares etc.). Algumas são universais (como "pés" aérea ou marítima),
- Abreviações junto do numeral, sem ponto (15km, 300g),
- 1º dia do mês é "1º" e não "1" ou "primeiro".

Música

- Em musicais, todas devem ser traduzidas,
- Em caso de filmes de gênero só se for relevante para a trama ou se algum personagem estiver cantando,
- Sempre em itálico,
- A primeira letra de cada legenda em maiúscula.

Números

Evite número no início de frase, porém para situações de uso comum devemos usar numerais, pois facilitam a leitura.

Horas

- Usar padrão 24 horas. (10h05, 11h45, 12h23, 13h08),
- HORA REDONDA: 10h (abreviação sem s e sem ponto),
- HORA QUEBRADA: 20h45 (sem dar espaço entre os elementos),
- Quantidade de tempo, sempre que possível, deve ser grafada por extenso (O ônibus atrasou 15 minutos.),
- Dependendo do contexto e do espaço disponível, podemos usar, por exemplo, a expressão "5 horas da manhã".

Revisão

A revisão é uma etapa obrigatória. É o item mais importante para uma legenda de qualidade. Use corretor ortográfico, mas faça você também a revisão. Esteja sempre aberto a críticas.

Observe:

- Se a linguagem utilizada foi a correta,
- Coerência de tempos verbais,
- Se o texto tem qualidade,
- Se não há erros de digitação,
- Se não há erros de grafia ou correção automática do computador,
- Se não há legendas com caracteres demais,
- Se não há legendas sobrepostas,
- Se não há legendas com tempo de exposição muito longo,
- Se não há legendas com tempo de exposição muito curto.

Leia, releia, acompanhe com o filme e sem ele. Evite ler só a legenda, leia a composição que elas fazem.

Softwares de legendagem

São muitos os softwares dirigidos para criação de legendas. Há alguns nacionais que foram exclusivamente desenhados para os tradutores brasileiros, porém são pagos. Pesquise, converse com quem já utiliza e escolha o que melhor se adapta a seu estilo e a seu bolso.

Seguem abaixo três tipos de softwares livres.

DIVXLAND MEDIA SUBTITLER - Software gratuito para arquivos de vídeo (AVI, DivX, MPG, WMV e muitos outros) com uma interface bastante intuitiva e muito fácil de manipular. Ele oferece mais de 30 estilos de texto suportados e o processo de edição dos textos é manual.

AEGISUB - É um programa gratuito de código aberto voltado à criação e edição de legendas. Amplamente utilizada por fãs de séries com o intuído de fazer traduções não oficiais de vídeos. Resumidamente, ele pode ser utilizado para a equalização e ajuste de tempo das legendas, tradução, diagramação e efeito de "karaokê".

SUBTITLE WORKSHOP- O mais completo e eficiente aplicativo gratuito de criação e edição de legendas atualmente disponível no mercado. Ele suporta todos os formatos de legendas, quase todos os formatos de vídeo e possui recursos simples e importantes para edição de legendas. Sua interface conta com menus de fácil acesso, ferramentas com funções avançadas e boa velocidade e estabilidade, reduzindo o tempo de edição das legendas. Possui várias funções que analisaremos depois, pois será com ele que vamos exemplificar a formatação de legendas.

Subtitle workshop 2.51

É possível encontrar uma cópia para baixar no site da própria desenvolvedora do programa, a uruguaia *UruSoft*[32] ou em *sites* de *download* como o *Baixaki*[33].

Para instalar basta clicar duas vezes no arquivo baixado e seguir as instruções.

O programa estará com sua interface em inglês, para colocá-la em português é simples. Vá em: **Menu Principal > Settings> Language> Português Brasileiro**". Agora o menu passará automaticamente ao português.

Principais comandos

NOVA LEGENDA - Para começar uma legenda nova vá em: **Menu Principal >Arquivo> Nova Legenda**.

ABRIR LEGENDA - Para abrir uma legenda já feita, vá em: **Menu Principal > Arquivo> Abrir Legendas**. Procure o

32 Urosoft <http://www.urusoft.net>.

33 Baixaki <http://www.baixaki.com.br>.

arquivo na pasta armazenada e dê clique duplo no arquivo a ser aberto.

SALVAR - Para salvar uma legenda já feita vá em: **Menu Principal** > **Arquivo**> **Salvar**. A janela "**Salvar Como**" se abrirá com uma caixa contendo diversos formatos de extensão de arquivo. Selecionar um, clicar duas vezes, uma nova janela "**Salvar Como**" se abrirá. Nomeie o arquivo e escolha a pasta destino onde este será salvo.

Escolher um formato de extensão de arquivo depende do cliente. O formato mais comum e mais bem aceito pelos visualizadores de vídeo é o SubRip, que cria arquivos com extensão *.srt.* ou o FabSubtitler para criar com extensão .txt. Mas há muitos outros.

ABRIR VIDEO - Para ver o filme vá em: **Menu Principal** > **Video**> **Abrir**. Nesta janela procure a pasta em que guardou o vídeo e dê duplo clique. Em "**Tipo**" deixe "**Todos os Arquivos Suportados**"

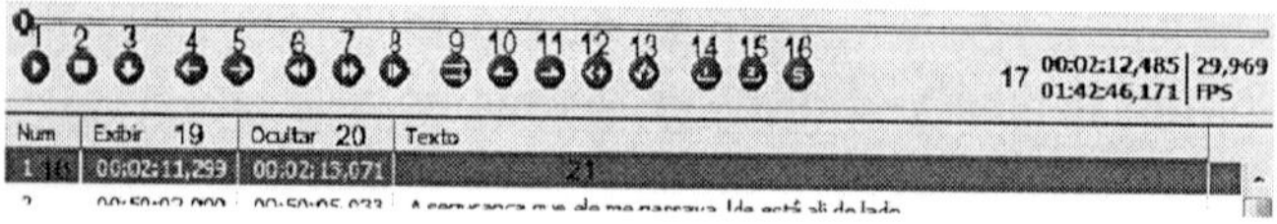

Botões de comando

01 - Play/Pause. Roda ou pausa o filme.

02 - Stop. Para o vídeo e volta ao começo.

03 - Quando ativado, marca a linha que será mostrada na janela do vídeo e passa automaticamente de legenda em legenda à medida que o vídeo avança.

04 e 05 - Estes dois botões colocam a posição do vídeo no tempo inicial da legenda anterior/seguinte daquela que está sendo mostrada.

06 e 07 - Retrocede ou avança o tempo especificado.

08 - Taxa de reprodução. Fica em 10%, podendo ser ajustado na porcentagem que se queira. Um bom recurso quando se está sem roteiro e o personagem fala muito rápido. Em 70%, 80% fica mais fácil entender, já que o vídeo rodará em uma velocidade mais lenta.

09 - Este botão move todas as legendas selecionadas, de modo que o tempo inicial da primeira legenda fica igual ao tempo atual do vídeo.

10 e 11 - São os principais botões. O botão "**Definir tempo inicial**" irá marcar o tempo inicial que se quer para a legenda selecionada e o botão "**Definir tempo final**" marcará o tempo final da legenda e passa para a legenda seguinte.

12 e 13 - "**Legenda inicial**" estipula uma variável interna para o valor do tempo em que o vídeo se encontra no momento (com o vídeo em play), "**Legenda final**" cria uma nova legenda (linha) com o tempo inicial igual à atual no vídeo.

14, 15 e 16 - Teclas para marcar pontos de sincronização.

17 - O tempo em que se está no filme e o tempo total.

18 - Número da legenda.

19 - Tempo exato da entrada da legenda.

20 - Tempo exato da saída da legenda.

21 - Texto da legenda.

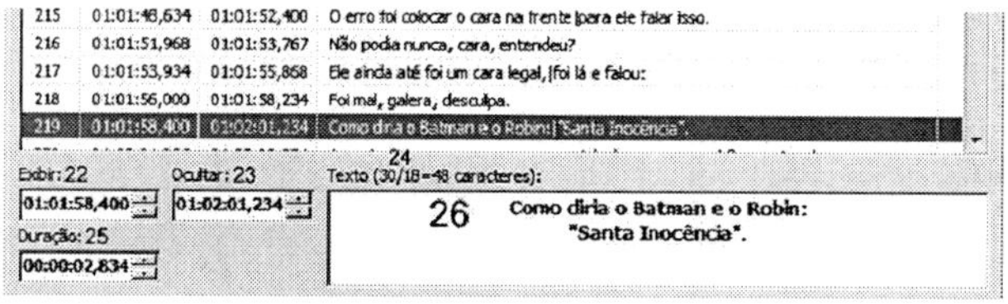

22 - Mostrador da entrada da legenda.

23 - Mostrador da saída da legenda.

24 - Mostrador de número de caracteres por linha e total.

25 - Mostrador da duração da legenda.

26 - Caixa de escrita do texto.

Passo a passo - legendagem

Com o vídeo e uma nova legenda aberta, acione o botão "**play**" (01) e escute a primeira fala do personagem, clique em "**Pause**" (01), escreva a tradução na caixa de escrita de texto (26), lembrando do número de caracteres pré-definido, da divisão de linha respeitando as normas de *spotting* e *timing*. Volte o vídeo e no momento exato em que o personagem começar a falar, clique em "**Definir tempo inicial**" (10). Escute e acompanhe a fala. Assim que ele terminar o trecho de fala da legenda, clique em "**Definir tempo final**". Verifique o tempo de duração da legenda (25), se não ficou muito curta ou muito longa. Dê dois cliques na legenda feita e ela voltará a seu início, isso facilitará sua revisão. Caso tenha algum problema volte a fazer as marcações (botões 10 e 11).

Tudo estando correto é hora de passar para a próxima legenda. Clique em «**Editar**" > "**inserir legenda**" ou simplesmente acione a tecla "**Insert**" no teclado do seu computador. Vá fazendo o mesmo até o final do filme. Além de ouvir, lembre-se de ver o filme para inserção de possíveis PLACAS. Terminado o trabalho, assista novamente a todo o filme, desta vez "lendo" suas legendas para acompanhar a qualidade do texto da tradução e perceber se os tempos de entrada e saída de legendas estão corretos.

Salvando o texto

Adquira o hábito de salvar constantemente o trabalho. Uma queda na rede de energia elétrica pode acabar com seu "prazo". Faça também um backup. Você pode configurar o SW (Subtitle Workshop) para salvar automaticamente seu trabalho também. Para isso vá em: **Preferências** > **Configurações** > **Salvar**. Nessa janela deixe selecionadas as três opções e coloque a quantidade de minutos que você deseja que o trabalho seja salvo automaticamente.

O nome do trabalho deve constar no nome do arquivo. Algumas empresas pedem somente 8 letras (sem artigos), outras com divisão do título por underline "_", outras com a diferenciação de "leg" (legenda) ou "dub" (dublagem). Pergunte ao seu cliente como ele prefere que se nomeie o arquivo.

Terminado o trabalho de tradução e adequação das legendas, salve-o na pasta específica. Abra o "Word" e clique para abrir o texto. Uma caixa de "conversão de arquivo" será aberta, clique em **OK**. Ele será aberto com todas as marcações. Revise para ver se os tempos verbais estão adequados, se há fluência de texto. Passe o revisor ortográfico. E só depois de ter certeza que tudo está correto envie para o cliente.

Normalmente o cliente solicita somente a tradução e a divisão das legendas, o que é bem mais comum, por ser mais barato e porque eles já têm o profissional que fará as marcações, chamado de timeador ou marcador. Se esse for o caso, é hora de limpar as marcações de tempo do arquivo e enviar só o texto.

Veja abaixo as diferenças das legendas do filme "*O caminho dos Ingleses*"[34] com e sem as marcações de tempo.

---

34 "El Camino de los Ingleses", direção de Antonio Banderas, roteiro baseado no romance *El Camino de los Ingleses* de Antonio Soler, Espanha/Inglaterra, 2006, Produtoras: Green Moon Productions, Future Films, De Palacio Films, Sogecine.

Com as marcações

```
203
00:21:11,920 --> 00:21:14,110
-Bem. E você?
-Selvagem.

204
00:21:23,030 --> 00:21:25,880
<i>Chegam até aqui
as palavras daquele verão.</i>

205
00:21:28,070 --> 00:21:29,530
<i>Como ondas cansadas.</i>

206
00:21:39,090 --> 00:21:40,370
<i>Minha loucura
é a de um menino doente...</i>

207
00:21:40,570 --> 00:21:41,910
<i>e eu a alimento com cuidado.</i>

208
00:21:42,670 --> 00:21:44,650
<i>É chegado o tempo
dos assassinos.</i>

209
00:21:52,740 --> 00:21:54,540
<i>A glória de quem
move todo o mundo,</i>

210
00:21:54,940 --> 00:21:58,190
<i>escrevia, copiando os versos
do único livro que leu.</i>
```

Sem as marcações

-Bem, e você?
-Selvagem.

Chegam até aqui
as palavras daquele verão.

Como ondas cansadas.

Minha loucura
é a de um menino doente...

e eu a alimento com cuidado.

É chegado o tempo
dos assassinos.

A glória de quem
move todo o mundo,

escrevia, copiando os versos
do único livro que leu.

E eu continuo aqui,
continuo aqui.

Anuncio chuva e tempestade,

Capítulo 5
Closed Caption

Fugindo da tradução, mas para complementar o assunto de legendas, vamos falar um pouco sobre *Closed Caption.*

A legenda que vemos nos filmes é chamada de *legenda aberta.* É sobreposta à imagem antes da transmissão ou exibição. Pode ser com transmissão por satélite, "queimada" na película (cinema) ou gravada digitalmente no menu do DVD ou Blu-ray, tendo a opção de idioma que se queira assistir. Mas também temos a *legenda fechada* ou *legenda oculta*, o *Closed Caption*, que é opcional. O acesso fica a critério do telespectador por meio de uma tecla no controle remoto do aparelho de TV (decodificador). Esse tipo de legenda foi pensada para portadores de necessidades especiais auditivas, e falaremos mais dela adiante.

Closed Caption ou legenda oculta, também conhecida pela sigla **CC**, é um sistema de transmissão de legendas via sinal de televisão. Essas legendas são reproduzidas por um televisor que possua essa função, e tem como objetivo permitir que os deficientes auditivos possam acompanhar os programas transmitidos. As legendas ficam ocultas até que o usuário acione a função na televisão pelo menu da TV ou do controle remoto. São aqueles textos na parte de baixo da tela, que muitas vezes acompanhamos nos consultórios médicos quando a TV está silenciosa.

O *Closed Caption* se tornou obrigatório em canais abertos desde 2006, e deve ter a reprodução literal e simultânea do que é dito no ar. Por lei, o texto deve ser branco, sobre fundo preto.

Além da transcrição de falas, pensamentos e diálogos, também deve descrever qualquer outro som presente na cena entre colchetes para diferenciação de fala e ambiente, por exemplo: "[risos]", "[música suave]".

Segundo a ABNT[35], ao menos 98% das palavras devem ser grafadas corretamente. Cada emissora é obrigada a transmitir oito horas diárias de programação com *Closed Caption*.

Os métodos mais comuns de produção de CC ao vivo são o por estenotipia informatizada e o de reconhecimento de fala.

Na estenotipia informatizada os sons são registrados por um estenotipista treinado para digitar em alta velocidade usando um teclado especial de 22 botões (estenótipo eletrônico), que representa letras e grupos de fonemas. O estenotipista registra o que ouve no mesmo momento em que o telespectador assiste ao programa em seu televisor, por isso há uma grande necessidade de formar profissionais habilitados a fazer esse registro com qualidade em *tempo real*.

Segundo André Santos, em entrevista ao *site* TV Foco[36], se ele precisa escrever "Natalie", une o fonema "nat" ao fonema "li". Para redigir Natália, ele combina "nat" com "ayla" — e cabe ao computador "decifrar" o resultado final. É como se tocasse um piano, formando palavras ao invés de acordes.

Santos, que é sócio da Steno do Brasil, que produz Closed Caption para várias emissoras, afirma que o aprendizado leva quatro anos: um para saber as combinações de fonemas e três para decorá-las e aprender a usá-las.

O método por reconhecimento de fala já é usado no Brasil com sucesso e muitas emissoras apostam nessa tecnologia devido ao seu custo acessível e facilidade de formação de novos profissionais para esse mercado (normalmente uma semana de aprendizado). Nele, um *software* interpreta as vozes e produz o texto das legendas. As vozes são transmitidas a um profissional numa sala isolada que repete de forma natural o que ouve para o computador. O *software* inicia sua precisão em torno de 70%, podendo atingir taxas acima de 95% com a calibragem correta.

---

35 **Associação Brasileira de Normas Técnicas (ABNT)** é o órgão responsável pela normalização técnica no país, fornecendo a base necessária ao desenvolvimento tecnológico brasileiro. < http://www.abnt.org.br/>

36 http://otvfoco.com.br/audiencia/aiba-como-e-feito-o-closed-caption/

Além do trabalho vocal, o profissional acrescenta, via teclado, informações sobre outros sons da cena.

Quando o programa não é ao vivo é possível usar outro método mais preciso: a inserção *off-line*, onde o sinal das legendas é inserido diretamente na mídia e re-exibido toda vez que for reproduzida. Esse método, além de permitir revisões ortográficas e gramaticais, possibilita a marcação exata do tempo de entrada e saída das legendas, mantendo-as sempre sincronizadas com seu conteúdo. A ABNT determina que os programas gravados devam, sempre que possível, receber esse tipo de legenda, uma vez que é a que melhor atende ao público com deficiência auditiva.

Capítulo 6

Técnicas de Texto de Dublagem

Definição segundo o *Houaiss* sobre dublagem:

> **1** *cine tv* gravação de falas e/ou partes cantadas, posteriormente à filmagem ou gravação das imagens, gerada em sincronia com o movimento labial das personagens, para montagem da trilha sonora de uma produção cinematográfica ou televisiva. **2** *cine tv* substituição de um idioma por outro na trilha sonora de um filme, programa de televisão etc.

Dublagem é a substituição da voz original de produções audiovisuais pela voz e interpretação de um "ator de voz" quase sempre noutro idioma. A dublagem também pode ser no mesmo idioma para melhoria do som original e também nas produções de animação. É realizada em estúdios de dublagem, onde atores substituem as vozes de obras estrangeiras por uma versão nacional.

Temos também o *Voice acting* que é como os americanos chamam a interpretação por voz. Os atores que dão vozes originalmente são *voice actors*, pois eles desempenham esta tarefa antes do seu personagem ser desenhado. Os dubladores são os que interpretam o texto respeitando a sincronia com os lábios do artista na tela.

A tradução de um texto para dublagem envolve todo um processo que começa com a chegada do audiovisual, a análise dessa obra, a tradução e adaptação do texto, escolha de elenco, estúdio, mixagem de som, entre vários outros estágios até chegar ao produto final para a distribuição no mercado.

Quando se fala de tradução de texto para dublagem é necessário tomar cuidado. Não basta somente passar de uma língua para a outra, é preciso adaptar o texto para que os dubladores tenham um roteiro ideal de trabalho.

Processo de dublagem

O processo para um audiovisual dublado passa por quase as mesmas etapas do processo de legendagem, mas engloba um número maior de pessoas e ações.

O cliente encomenda o serviço e entrega cópia do material à empresa de dublagem. A empresa busca o tradutor mais apropriado para esse serviço específico (um tradutor que a empresa já sabe que domina determinado assunto como esportes, medicina, vinhos, etc.) e lhe envia roteiro (se houver)" e a cópia do material, acertando prazos e os padrões da empresa. Ao concluir o trabalho de tradução, o tradutor devolve o roteiro traduzido e adaptado segundo as normas. O texto é revisado e readequado pelo copydesk e vai para as mãos do diretor de dublagem.

O diretor de dublagem é o responsável por coordenar todo o processo de dublagem de um audiovisual. Assim que recebe o roteiro traduzido, ele assiste ao produto, analisa e divide esse roteiro em loops ou anéis[37]. A partir disso, ele escolhe os atores adequados para cada personagem, de acordo com a idade, tom de voz ou estilo, faz o levantamento de quantos anéis/loops cada ator/atriz possui no trabalho e elabora o esquema de gravação. Com os horários do elenco e estúdio, conduz a dublagem. Terminada a execução em estúdio, o material vai para as mãos do técnico de som/gravação..

O técnico de som fará a edição do material que está dividido

---

37 O anel ou loop é um trecho do audiovisual a ser dublado. Sua duração pode ter no máximo vinte segundos. Em média, 20 anéis correspondem a uma hora de trabalho.

em anéis/loops. Fará pequenas correções de sincronia das falas que serão ajustadas manualmente, e caso haja músicas, checará a afinação das vozes. Terminada essa fase, passará o trabalho para o setor de mixagem.

O setor de mixagem faz a separação dos canais de som do audiovisual e adiciona as vozes ou músicas gravadas em suas respectivas trilhas, une os efeitos originais com os gravados. Terminado esse serviço e o cliente aprovando, o trabalho está concluído.

Tipos de dublagem

Sincronizada

É a dublagem mais conhecida por ser a utilizada nos filmes e seriados. É a tradução que acompanha a métrica do idioma original, a sincronia (movimento labial) e o ritmo das falas.

Voice Over

É bastante comum nos documentários. O som original é mantido de fundo e o roteiro traduzido é sobreposto a esse áudio. Esse tipo de texto deve ser um pouco resumido, pois a fala deverá entrar um segundo após a fala original e acabar um segundo antes.

Híbrida

Também comum a documentários, filmes institucionais e vídeos de treinamento. Neste processo o narrador e/ou personagens principais são dublados e todas as outras participações, como os testemunhos ou placas, são legendados. Esse tipo dublagem também obedece à métrica original.

Formatação de texto

Para uma tradução de qualidade é importante assistir ao filme até o final para entender do que se trata, conhecer a linguagem e o estilo (coloquial, formal, específica, técnica).

Caso sejam séries, continuação de filmes, desenhos ou novelas, ou seja, algo seriado, é importante ver o que já foi feito antes, isso ajudará o tradutor a entender melhor o que está fazendo. Do mesmo modo que será importante fazer uma pequena sinopse (quatro linhas) de cada episódio e entregar com o trabalho, para auxiliar quem possa vir a substituí-lo.

O texto de tradução para dublagem normalmente é entregue em um documento do *word* com formatações específicas.

Para formatar a página vá em: **Inicio** > **Parágrafo**: **Alinhamento** > **Justificado - Recuo** > **Especial** > **deslocamento 5cm - Espaçamento** > **12pt** > **entre linhas** > **Duplo**. Clique em OK. Formate a fonte com "Arial 12".

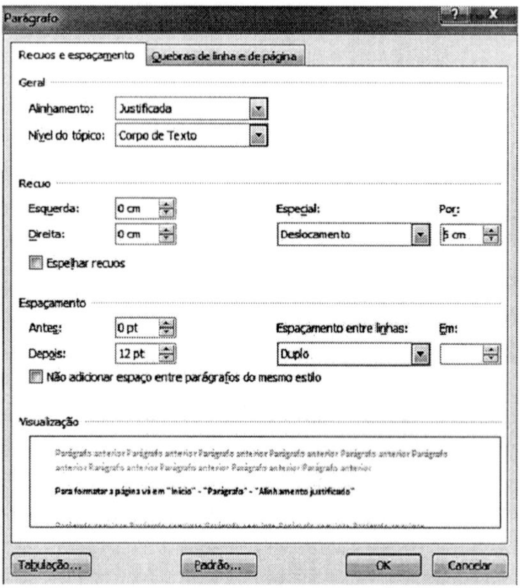

Em **Layout da página** > **Margens**, procure **esquerda e direita com 2cm**.

Para a numeração das páginas, o mais usual é o número constar no canto superior direito, para isso, vá em: **Inserir** > **Número de página** > **Inicio de página** > **Direita**. Algumas empresas pedem numeração de páginas específica, mais uma vez é seu cliente quem vai solicitar qualquer alteração padrão.

Algumas empresas pedem para que seja inserido ainda no cabeçalho o nome do filme, outras, o nome do filme e o nome do tradutor. É simples: Dê duplo clique no número inserido. O cabeçalho ficará visível. Escreva o nome do filme em CAIXA ALTA e o nome do tradutor ao lado. Dê duplo clique no corpo do texto para voltar a ele. Veja abaixo:

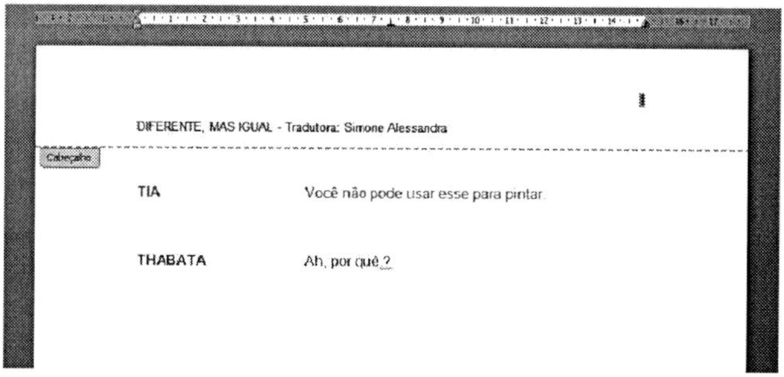

Relembrando: o nome do trabalho deve constar no nome do arquivo. Algumas empresas pedem somente 8 letras (sem os artigos), outras com divisão do título por underline "_", outras com final "dub" (dublagem). Pergunte ao seu cliente como nomear o arquivo.

Uso da métrica

É preciso acompanhar a tradução ouvindo o áudio original. Uma boa dica é ler a tradução em voz alta com a fala do personagem, respeitando os silêncios e respirações, assim saberemos se é necessário estender ou diminuir algo. Em dublagem costuma-se traduzir tudo que o personagem diz, porém devemos adequar a tradução ao tempo de fala e à sincronia nos lábios, ou seja, lipsync.

Termos importantes

NOME DO PERSONAGEM / NARRADOR: Depois do documento formatado, mencione o nome do personagem, em CAIXA ALTA, à esquerda e tecle "Tab". Digite então a tradução correspondente à fala.

TCR ou TEMPO **(00:00)** : Ao lado do nome do personagem coloque o TCR - momento exato que o personagem começa a fala (verificando pelo time-code), e coloque entre parênteses. Só é necessário marcar a primeira entrada em cada cena ou, se a cena for muito longa, depois de alguns minutos reinsira o TCR para auxiliar o diretor de dublagem.

PLACA: Texto que aparece no filme como placas, letreiros, avisos, manchetes de jornais, nomes de lugares, títulos etc. Identifique ao lado esquerdo como PLACA em CAIXA ALTA, coloque o TRC e traduza do lado direito no bloco destinado ao texto.

REAÇÃO (R): Qualquer ruído provocado pelo aparelho fonador do personagem deverá ser identificado com (R). Se o personagem estiver falando e espirrar, tossir, pigarrear etc., coloque (R) e siga com a tradução. Se for outro personagem que faz esse ruído, coloque o nome dele do lado esquerdo com TCR no momento exato e identifique (R).

VOZERIO: Toda vez que "pessoas" falam ao mesmo tempo e não é possível identificar quem ou o que falam, escreva à esquerda em CAIXA ALTA a palavra VOZERIO, marque o TCR no momento em que começa e coloque (R). Normalmente são sons de fundo de transeuntes, alunos, lojas cheias etc.

CONT.: Se um personagem possui uma fala muito longa e é preciso mudar de página, você pode, de preferência em um pequeno intervalo, cortar o texto e no começo da próxima fala colocar "CONT." e o TCR, ou voltar a identificá-lo pelo nome e colocar o TCR.

(...) ou // - Pausa e pequena pausa durante a fala. Se a pausa for longa quebre o texto e recomece marcando o TCR.

(ON): Personagens que precisam de sincronia perfeita porque estão de frente na tela deverá ser destacado com a palavra (ON), entre parênteses antes da fala do personagem.

(OFF): Não se vê a boca do personagem. Não precisamos escrever (OFF) a não ser que o personagem saia de cena e continue falando. Se isso acontecer é importante marcar o TCR.

LIP SYNC: O mesmo que sincronia labial, ou seja, fazer coincidir o movimento dos lábios do ator original com o da palavra traduzida. Essa é a diferença das dublagens terem melhorado tanto nos últimos anos.

ESPELHO: Índice de todos os personagens e as páginas em que aparecem. Todo trabalho de dublagem deve ter no final do texto um "espelho". É por ele que o diretor de dublagem se guiará para escolher os atores que darão as vozes na versão nacional do filme.

NOTAS DO TRADUTOR: Tudo que achar relevante para o diretor de dublagem deve ser anexado no final do documento. Cuidado com o óbvio, como sotaque, tique, gagueira, língua presa ou característica nítida de um personagem.

LISTA DE PRONÚNCIA: Caso haja nomes ou termos com pronúncia específica destaque-os (EM NEGRITO) no corpo do texto e faça uma "pronúncia figurada" no final. Isso auxilia o dublador. (Alejandro = Alerrandro)

FONTES DE PESQUISA: Se for um assunto que precisa de pesquisa específica coloque as fontes, assim como listas de espécies de animais ou plantas.

Exemplo de formatação de texto para dublagem:

CAIXA ALTA

PIERRE (00:24)	SAIA DAÍ, POR FAVOR.
ALICE (OFF) (00:25)	NÃO SEI POR QUE, MAS TEM DIAS QUE PARECE QUE TODO MUNDO DECIDE ME ABORRECER.
PIERRE (00:29) (AO FUNDO)	(R)
ALICE (00:31)	ESTÁ BEM, JÁ VOU!
ALICE (OFF)	HOJE, JÁ ERA O CASO NÚMERO 4.
PLACA (00:36)	CASO NÚMERO UM.
FANNY (00:37)	BOM, JÁ MARQUEI HORA NO CENTRO DE SAÚDE. ESTA MANHÃ. (R) ARDE, COÇA... O QUÊ? TEM CERTEZA?

CAIXA BAIXA

VOZERIO (01:34:07)	(FESTA)
MARCELO (01:34:13)	Tudo bem?
GIM (01:34:16)	Não.

Passo a passo dublagem

Para assistir ao filme que iniciaremos a tradução para dublagem não precisamos de nenhum programa de visualização de vídeos especial, qualquer um pode servir, já que faremos a tradução diretamente no programa de edição de texto (word), porém o Subtitle Workshop (SW) também nos oferece uma vantagem, de parar (e deixar marcado) em um momento exato, o que nos é de grande utilidade, pois, muitas vezes, precisamos ficar voltando em um determinado ponto do filme, por isso continuaremos a utilizá-lo.

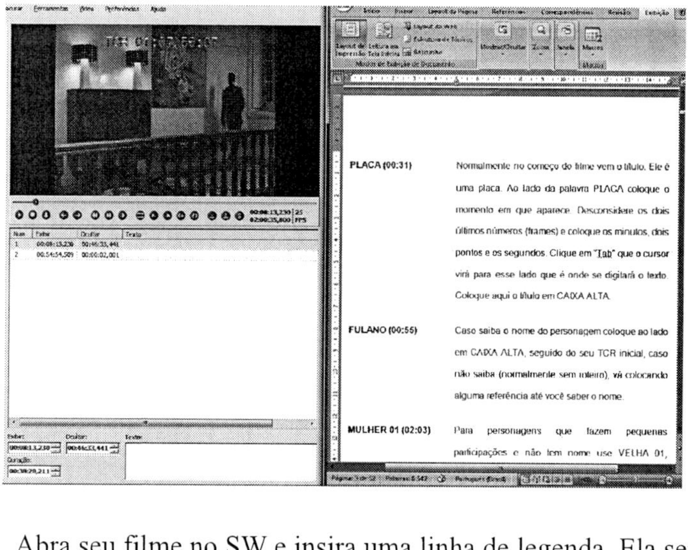

Abra seu filme no SW e insira uma linha de legenda. Ela servirá somente para podermos marcar o momento em que queremos que o filme pare. Abra ao lado um documento em branco do Word e faça a formatação do texto de dublagem. Se possível, deixe-os lado a lado no monitor do computador, como na figura acima.

PASSO A PASSO - DUBLAGEM

PLACA (00:31)	Normalmente no começo do filme vem o título. Ele é uma placa. Ao lado da palavra PLACA coloque o momento em que aparece. Desconsidere os dois últimos números (frames) e coloque os minutos, dois pontos e os segundos. Clique em "Tab" que o cursor virá para esse lado, que é onde se digitará o texto. Coloque aqui o título em CAIXA ALTA.
FELIPE (00:55)	Caso saiba o nome do personagem coloque ao lado em CAIXA ALTA, seguido do seu TCR inicial, caso não saiba (se estiver sem roteiro), vá colocando alguma referência, como descrito abaixo, até você saber o nome.
MULHER 01 (02:03)	Para personagens que fazem pequenas participações ou que não têm nome use: VELHA 01, MULHER 02, JORNALEIRO, TAXISTA, VOZ FEMININA ALTO FALANTE etc. isso facilitará na hora da escolha das vozes pelo diretor de dublagem.
ANDREY (03:55)	Continue listando o nome do personagem à esquerda e escrevendo suas falas à direita. Caso o personagem tenha alguma reação e emita algum som coloque (R) para sinalizar e continue com sua fala. Caso seja algo específico, escreva (R) (Espirra). Isso também ajuda.

NATÁLIA (06:55)	(R) (R) (R) Caso o personagem não fale, mas emita sons, coloque seu nome normalmente, o momento dessas reações e o símbolo (R). Caso seja algo específico, escreva.
THIAGO (10:52)	(ON) - Caso vejamos a boca de perto do personagem falando coloque (ON), pois esse é um momento que exige sincronia. Preste atenção à métrica, pois o texto deve coincidir o máximo possível com o movimento labial original.
LEONARDO (15:27)	Marque o tempo de entrada das falas. Não é necessário marcar todas, mas ao menos a primeira fala de cada personagem na cena e se a cena for muito longa, volte a marcar em determinado momento.
LEONARDO (16:15)	Faça o mesmo se um só personagem falar muito. Aproveite uma pausa mais longa para quebrar o bloco de texto e remarcar o tempo, isso ajuda na sincronia.
THALITA (18:22)	Se durante a fala de um personagem ele fizer uma pequena pausa, sinalize com //, se a pausa for mais longa, sinalize com (...), agora se durante a digitação mudar de página, (...)

THALITA (CONT.) aproveite uma pausa, coloque novamente o nome do personagem e (CONT.) para que se saiba que a fala desse mesmo personagem continua.

ALEX (AO TELEFONE) (16:57) Se o personagem estiver com a voz distorcida por algum filtro (telefone, alto falante etc.) indique ao lado de seu nome ou no início do bloco de texto, pois o ator que fará a dublagem precisará modificar a voz.

THABATA (22:56) Se a fala de um personagem for interrompida por outro, sinalize com reticências...

MARIA EDUARDA (22:59) Coloque o momento exato da interferência do outro.

THABATA (23:01) E continue normalmente.

VOZERIO (25:24) Toda vez que "pessoas" falam ao mesmo tempo e não é possível identificar quem ou o que falam, escreva à esquerda em CAIXA ALTA a palavra VOZERIO, marque o TCR no momento em que começa e coloque (R). Se for algo específico, identifique (R) (HORA DO INTERVALO). Se tiver um tempo de duração específico, no TCR coloque o inicio e o fim. (25:24 a 26:31)

NARRADORA 01 (27:29)	Caso seja um documentário ou entrevista e a pessoa falar muito rápido, lembre-se de resumir um pouco o que está dizendo para que o dublador não tenha de correr também com o texto e/ou atrapalhar o entendimento.
NARRADORA 02 (30:37)	Para ajudar na sincronia uma boa dica é falar seu texto com o áudio original. Você perceberá facilmente se precisará de modificações. Tente também na primeira e última palavra usar fonemas que tenham o mesmo movimento labial. Isso também ajuda na sincronia.
ANA BEATRIZ (42:27)	Caso haja nomes ou termos com pronúncia específica **destaque-os** (EM NEGRITO) para fazer uma "pronúncia figurada" no final do seu texto.

Terminando seu trabalho

Adquira o hábito de salvar constantemente o trabalho. Uma queda de energia na rede elétrica, um travamento no programa ou mesmo no computador pode acabar com seu prazo de entrega. Imagine ter trabalhado oito horas por três dias em uma tradução e no momento da revisão final o editor de texto trava e corrompe o arquivo. Melhor não facilitar, salve constantemente seu trabalho e também faça um backup.

Terminando seu trabalho, salve-o na pasta específica. Revise prestando atenção em concordância verbal e nominal. Passe o revisor ortográfico. Confirme as entradas de tempo. Confirme a formatação.

Quando receber o trabalho, pergunte ao cliente se prefere em CAIXA ALTA ou Caixa baixa. Se for em CAIXA ALTA é hora de fazê-lo. Vá em **Início** > **Fonte** > **Efeitos** > **Todas em maiúsculas** > **OK**.

Espelho

Como dito anteriormente, espelho é o índice de todos os personagens e as páginas em que eles aparecem.

Para fazer seu espelho volte até o início do texto e selecione o nome do primeiro personagem em sua primeira aparição. Na Barra de ferramentas procure **Referências** > **Marcar entrada**, uma janela se abrirá: **Marcar entrada de índice remissivo**, clique em **Marcar todas** > **Fechar**.

```
BEATRIZ{·XE·"BEATRIZ"·}·(01:58)   →   EU·NÃO·TENHO·NENHUM·MAPA.·(R)¶

HERNÁN{·XE·"HERNÁN"·}·(02:01)   →   MATE-A.¶

BEATRIZ{·XE·"BEATRIZ"·}·(02:03)·   →   (R)¶
```

Você vai perceber que seu documento ficou todo marcado com símbolo de parágrafo ¶ e o nome que foi marcado ficará com símbolos por todo o texto como no exemplo acima. Faça isso com todos os personagens, vozerios e placas.

Uma dica importante. Caso seu personagem não tenha um nome específico e você deu um nome referência ligado a outro personagem que tem nome na trama, por exemplo: Personagem JOÃO, personagem sem nome específico MÃE DE JOÃO, marque primeiro o MÃE DE JOÃO inteiro, caso contrário o programa lerá todos os "JOÃO" como o mesmo personagem e o marcará como se ele fosse a mãe.

Após marcar a entrada de todos os personagens, vá em: **Referências** > **Inserir índice**. Abrirá a janela de Índice Remissivo. Em **Tipo** > **recuado** > **Coluna** > **1**, clique em **Alinhar números de página à direita** e dê **OK**. Seu espelho está criado.

Revise novamente, principalmente as quebras de páginas. Insira a bibliografia e pronúncia figurada, se houver necessidade. Depois que tiver certeza de que tudo está correto envie para o cliente.

Capítulo 7
Audiodescrição

Audiodescrição é a uma faixa narrativa adicional para portadores de necessidades especiais visuais consumidores de meios de comunicação visual, que pode ser a televisão, o cinema, a dança e as artes visuais. Consiste num narrador que descreve durante a apresentação (nas pausas naturais do áudio ou entre elementos sonoros) o que está acontecendo e não é dito, traduz a imagem visual de uma forma que a torna acessível a indivíduos, que de outro modo, não teriam um acesso pleno a essas artes.

Segundo a Portaria nº 188 de 2010 do Ministério das Comunicações, a partir de 1º de julho de 2011 foi instituída no Brasil a obrigatoriedade de pelo menos duas horas semanais de conteúdo com audiodescrição para as emissoras com sinal aberto e transmissão digital, na condição de faixa de áudio adicional ou secundária, acionada por meio do menu da TV ou controle remoto, a conhecida tecla SAP (secondary audio program).

Segundo Lívia Motta[38], a audiodescrição é a arte de transformar aquilo que é visto naquilo que é ouvido. Com este recurso, é possível conhecer cenários, figurinos, expressões faciais, linguagem corporal, entrada e saída de personagens de cena, bem como outros tipos de ação, utilizados em audiovisuais, possibilitando que a pessoa desfrute integralmente a obra, captando a subjetividade da narrativa e toda a sua ambientação.

Para ser um audiodescritor é necessário um curso de

---

38 Lívia Motta é consultora na área de inclusão educacional, econômica e cultural do Instituto Paradigma. Trabalha com formação de professores nas áreas de ensino-aprendizagem, inclusão escolar, cultural e no mercado de trabalho de pessoas com deficiência.

formação específico sobre o recurso que contemple informações sobre a deficiência visual, definição, histórico e princípios da audiodescrição, e, principalmente, prática. Antes de fazer a audiodescrição é necessário assistir várias vezes ao audiovisual para se familiarizar com o tema, personagens, figurino, vocabulário, autor e estética. Depois se faz o roteiro ou script com tudo o que será inserido, que, antes de ser gravado, precisa da aprovação do diretor ou da distribuidora. É um trabalho minucioso que exige tempo, dedicação, objetividade e, acima de tudo, preparação.

Graciela Pozzobon[39] descreve em seu *site* que há diferentes ferramentas técnicas que são utilizadas dependendo do suporte em que estamos trabalhando. Há a audiodescrição gravada, ao vivo, simultânea e para filmes estrangeiros não dublados. Vamos conhecer esse processo:

Para a produção da audiodescrição gravada, um audiodescritor-roteirista especializado estuda a obra e produz um roteiro com os textos a serem narrados. A criação do roteiro deve seguir padrões e técnicas internacionais estabelecidas.

Como narrativa de descrição será encaixada no áudio original do filme, é necessário que o audiodescritor trabalhe com TCR, com o mesmo tipo de minutagem do texto de dublagem. Vale ressaltar que, muitas vezes, a audiodescrição será realizada no nosso idioma para filmes não dublados.

Depois do roteiro pronto, o ator-audiodescritor deverá ensaiar a colocação das falas narradas nos locais previamente escolhidos. Esse ensaio ajuda a fazer os ajustes de tempo e texto necessários para que a descrição fique adequada.

Assim como acontece com a dublagem, depois do ensaio, o ator-audiodescritor entra no estúdio, acompanhado do diretor de gravação e do técnico em áudio, para executar a gravação das

---

39 Graciela Pozzobon dedica-se à criação de roteiro, narração ao vivo e gravação de audiodescrição em produtos audiovisuais. É pioneira nesta atividade no Brasil. <http://audiodescricao.com.br/ad/>

descrições contidas no roteiro. Após as gravações, esse técnico fará a sincronização desse arquivo de áudio extra, que será editado e mixado na banda sonora original do audiovisual, no caso da TV, DVD e Blu-ray, por meio de um canal extra de áudio, e no caso do cinema, no arquivo de som que será transmitido por fones de ouvido.

A audiodescrição ainda pode ser feita ao vivo no caso de Festivais de cinema, teatro, dança, óperas e manifestações artísticas em geral. Esse tipo de audiodescrição é feita da mesma maneira que a gravada, porém, nesse caso, o ator-audiodescritor, fica em cabines narrando em microfones. O som original é transmitido para os portadores de necessidades especiais visuais pelo sistema de som ambiente, e o conteúdo audiodescrito, pelo fone de ouvido.

Ainda há a audiodescrição simultânea, que funciona da mesma maneira e com a mesma especificidade da tradução simultânea, que requer estudo e preparação específicos.

As leis que regulamentam a acessibilidade no campo da comunicação televisiva, por meio da legenda oculta e da audiodescrição, estão levando os canais da TV aberta a disponibilizar esses recursos em sua programação, e a demanda por profissionais especializados nessas modalidades de tradução audiovisual é cada vez maior.

Capítulo 8

Fansubber

Graças à tecnologia de vídeo digital e à fácil transmissão de dados via internet, os Fansubs vêm crescendo a cada dia e conquistando mais e mais usuários, porém por questões éticas e legais também têm sido motivo de acaloradas discussões, já que os grupos de fansubs traduzem, editam e distribuem os vídeos sem o consentimento dos detentores dos direitos da obra, classificado como violação das leis de direitos autorais na maioria dos países.

A palavra *Fansub* é de origem inglesa, formada pela junção de *fan* (fã) com **subtitled** (legendado), ou seja, legendado por fãs. A palavra foi criada inicialmente para nomear os fãs de desenhos animados japoneses (animes) que faziam a tradução para o inglês. Porém hoje são fãs que traduzem e legendam filmes ou série de TV (em caráter não oficial), geralmente quando as obras não foram lançadas oficialmente no idioma do país.

Não resta dúvida de que com o passar do tempo, alguns fansubs evoluíram no quesito qualidade, e, com isso, abarcaram ainda mais seguidores. Não somente qualidade na tradução, mas em edição, imagem e som.

Curiosamente, apesar de ser uma atividade em que se participa por prazer, em alguns grupos fansubs é exigido dos membros praticamente o mesmo que se exige dos profissionais: Alto nível de qualidade e responsabilidade com as datas de entrega. Também é exigido um número mínimo de horas de dedicação e mesmo não recebendo por esse trabalho, há um número imenso de pessoas em todo o mundo que aguardam sua vez para ser um fansub.

Capítulo 9
Prazos

Seja qual for o trabalho fique atento ao prazo para execução.

Quando uma empresa procura um tradutor para realizar um trabalho, ela ou pergunta quanto tempo ele tem para entregá-lo ou deixa claro o prazo de entrega que ela tem. No primeiro caso dê um tempo com folga, pois imprevistos podem aparecer, principalmente quando se está iniciando na profissão. No segundo caso, se o prazo for curto demais, sinta-se tranquilo em recusar, pois uma vez acertado, o prazo tem de ser cumprido. Disso depende o trabalho de várias pessoas, portanto, responsabilidade é a palavra.

Assim que receber o trabalho, analise o filme todo e tenha certeza de que pode fazê-lo, caso fique na dúvida, não aceite, pois isso pode interferir diretamente na qualidade da sua tradução, portanto, trabalhe no SEU prazo.

Muitas vezes o tradutor tem somente algumas horas para terminar o seu trabalho, pois o produto passa pela manhã em uma emissora estrangeira e à noite já tem de estar na nossa TV fechada. Outras vezes, o tradutor tem dois dias para fazer um longa-metragem sem roteiro. O que esperar disso? Não estou tirando a culpa do tradutor, SEMPRE temos de fazer o melhor, mas quando um trabalho que deveria ser tratado com seriedade começa errado, as chances de terminar precariamente são grandes, portanto, caso acredite que não poderá entregar um trabalho com qualidade, recuse.

Há tradutores que “pegam tudo” e não dão conta. Alguns passam adiante para algum colega, mas com isso perdem o controle da qualidade.

Seja honesto com seu cliente e principalmente com sua saúde, pois permanecer 12, 14, 16, até 18 horas sentado na frente do computador para conseguir entregar um trabalho não fará bem à sua saúde.

Capítulo 10
Ergonomia

Falando em saúde, cuidados devem ser tomados para que sua vida na profissão não seja curta.

A falta de descanso e o esforço excessivo, posições impróprias para o corpo e longos períodos de braço esticado segurando o mouse, acumulam prejuízos para o corpo.

As enfermidades causadas pelo uso excessivo do computador não são imediatas, elas vêm chegando aos poucos como a LER (Lesões por Esforços Repetitivos) ou DORT (Distúrbios Osteomoleculares Relacionados ao Trabalho), tendinite, tenossinovite, epicondilite, bursite, entre outras, que podem provocar lesões em tendões, músculos e articulações, principalmente dos membros superiores, ombros e pescoço devido ao uso repetitivo ou a posturas inadequadas.

Outro distúrbio é a Síndrome de Visão de Computador como a fadiga ocular, a perda de elasticidade do nervo ótico, visão embaçada e olho seco.

Mas calma, não precisa desistir antes de começar, pequenos cuidados no dia a dia evitam todos esses problemas, mas eles devem ser levados a sério.

Mantenha sempre o monitor à sua frente, com a parte superior alinhada na altura dos olhos. Assim, você mantém a coluna ereta e não sobrecarrega os músculos. É importante manter a coluna reta na cadeira, recostando-se ao encosto. Nunca relaxe ou curve os ombros, afastando a região lombar do apoio. Na posição correta não irá tensionar nenhuma parte da coluna, evitando dores lombares.

A posição dos cotovelos também é essencial. Não podem ficar abaixo do pulso, pois isto tensiona os dedos e o punho, podendo causar tendinites. Tente manter o cotovelo em um ângulo de 90º com o ombro, e o mantenha sempre apoiado no braço da cadeira.

Os pés precisam alcançar o chão. Caso não alcance pela altura da cadeira, providencie um suporte que pode ser feito de madeira ou comprado em lojas especializadas. Enquanto ele não chega improvise (até mesmo com caixas de papelão ou lista telefônica).

Teclado e mouse devem estar no mesmo nível dos braços da cadeira. Se o mouse ficar em uma altura superior, o seu uso contínuo sobrecarrega os ombros e o cotovelo.

Caso precise ler folhas ou livros não é recomendado deixá-las sobre a mesa, pois esta posição obriga a vir para frente para ler e tensiona o pescoço. Para isso existem suportes para serem afixados ao lado do monitor, que permitem ler sem esforço e sem afetar a postura.

Não use o computador no escuro. Isso força a vista, pois os olhos no escuro observando a tela clara fazem com que as pupilas se dilatem mais do que o normal. Às vezes, enquanto "pensamos", permanecemos muito tempo sem piscar, e isso é prejudicial. Pisque os olhos várias vezes e rapidamente para lubrificá-los e evitar o ressecamento.

Depois de no máximo duas horas de trabalho, é indispensável que o tradutor pare por 10 ou 15 minutos e faça alongamentos. Dê uma caminhada, espreguice e tente relaxar o corpo com respirações longas e profundas, porque seus músculos do diafragma ficam tensionados e comprimidos na posição sentada. Parece bobagem, mas não é. Tente adquirir esta disciplina e calcule seu tempo para o trabalho já com essas pausas.

Capítulo 11

Sobre o Trabalho do Tradutor

Muitas obras audiovisuais chegam ao tradutor sem roteiro, o que aumenta a possibilidade de haver erros de tradução. Dicção, sotaque de diversas regiões, captação precária de som original, entre outras coisas. Tudo isso dificulta o levantamento do texto e, como consequência, o trabalho do tradutor.

Um bom prazo para se fazer a tradução de um audiovisual de aproximadamente 120 minutos, com qualidade, seria de uma semana. Tempo suficiente para as pesquisas necessárias, tradução, revisão textual, adequação às técnicas de legenda (número de caracteres por linha, tempo de exposição etc.) ou dublagem (métrica, sincronia labial, tempos de entrada e saída, reações etc.), revisão técnica, formatação específica, revisão final, entrega. Mas muito raramente se tem esse prazo. Um prazo médio dado pelas empresas para um trabalho desse tipo é de 4 dias.

Para pensarmos no assunto vamos tomar o seguinte exemplo. O tradutor tem quatro dias para traduzir, produzir e adaptar os textos de um documentário sobre medicina forense (com todo seu vocabulário específico), na sequência ele faz o mesmo trabalho com um documentário sobre religiões africanas (com todo seu vocabulário específico), e depois está trabalhando com um filme de ficção científica. Difícil? Vamos pensar em outra situação não tão incomum. O tradutor está trabalhando num documentário sobre medicina forense, tem de parar, a pedido da própria empresa, fazer o das religiões africanas, entregar, fazer o filme de ficção cientifica e só depois voltar ao primeiro. O que esperar disso?

Vale ressaltar que não podemos generalizar. Existem empresas que valorizam e priorizam as condições de trabalho de cada etapa, visando à qualidade do produto final, porém outras empresas, pressionadas pelo mercado crescente, prometem prazos para o cliente que são difíceis de cumprir com qualidade.

A questão de prazo é um dos principais problemas do tradutor. As empresas de dublagem/legendagem, pressionadas pelos clientes, podem exigir pressa, e nem sempre todas as etapas da tradução acabam sendo cumpridas. Outro aspecto importante são os valores praticados no mercado. Raras vezes as empresas pagam o indicado pelos sindicatos e o tradutor é obrigado a trabalhar mais horas do que deveria para conseguir mais serviços. Outra reclamação constante é referente ao trabalho de pessoas que têm domínio do idioma, mas não são tradutores. Como ele cobra um preço mais baixo, a empresa o contrata, mesmo que não seja qualificado para esse tipo de trabalho.

Páginas de tradução simultânea na internet, softwares de tradução e formatação de legendas que prometem milagres? Melhor nem falar... Causam assombro!

A tradução sofre bastante com o assédio mercadológico e ação de maus profissionais. E uma falha neste período pode prejudicar todo o processo da tradução/adaptação.

Capítulo 12
Considerações Finais

Nos últimos anos a tradução audiovisual vem conquistando adeptos das mais diferentes áreas do conhecimento (profissionais de letras, internautas, cinéfilos, fansubs) devido à grande produção audiovisual realizada no país e no mundo. Como dito anteriormente, é uma modalidade de tradução absolutamente necessária para a inclusão de todos os tipos de pessoas, e para atingir seu objetivo necessita, cada vez mais, de profissionais sérios para a criação artística e técnica dessas modalidades.

Esse ramo da tradução vem despertando o interesse de estudantes de idiomas e profissionais de tradução pela ideia de poder trabalhar em casa nos horários que o organismo está mais disposto e por conseguir relacionar o que seria diversão (cinema, *videogame*, documentários) com profissão. Esse prazer e flexibilidade são possíveis, porém demanda muito trabalho e determinação do outro lado da balança. Trabalhar com tradução audiovisual pede o que qualquer profissão séria exige: disciplina, estudo, qualidade técnica e empenho.

Não devemos subestimar a tradução audiovisual, devemos sim procurar acompanhar o seu desenvolvimento e suas transformações que evoluem com as tecnologias.

Como dito no início, este livro não pretende suprir todas as necessidades de quem pretende imergir neste universo. O ato de traduzir um audiovisual é um constante aprendizado, um constante aprimoramento, mas não é um bicho de sete cabeças.

Capítulo 13

Indicação de Cursos de Aperfeiçoamento

Century XXI - Traduções e Cursos

- Técnicas de Tradução para Legendas e Textos para Dublagem de Filmes.

  Primeiro no gênero em todo o país, tem formado a maior parte dos tradutores que atuam na área, tanto em São Paulo, quanto no Rio de Janeiro, há mais de 20 anos.

Cultura Inglesa

- Tradução e legendagem

  Curso prático que ensina e exercita a tradução de vários tipos de texto de ficção e de legendas de filmes.

Serviço de Cultura e Extensão Universitária - USP

- Legendagem - Aspectos teóricos, técnicos e Práticos

  O objetivo do curso é desenvolver no aluno bases críticas para o entendimento do processo de tradução para legendas, apresentar as técnicas utilizadas e desenvolver aspectos práticos desse tipo de tradução.

PUC RIO - Coodernação Central de Extensão

- Tradução para Legendagem de Filmes: Teorias, Técnicas e Prática

  O objetivo do curso é munir os tradutores dos conhecimentos teóricos, técnicos e práticos necessários para a tradução adequada à legendagem, do inglês para o português, preparando-os para ingressar nesses mercados, onde há grande demanda de profissionais de qualidade.

Universidade Metodista de São Paulo

- Técnicas de tradução de legenda e textos de dublagem

  Curso teórico e prático de técnicas de criação de legendas e textos para dublagem. Voltado para tradutores e pessoas que trabalham ou pretendem trabalhar no segmento de tradução audiovisual.

Capítulo 14
Links Interessantes

http://www.sintra.org.br/site/index.php - Sindicato Nacional dos Tradutores
http://www.abrates.com.br/site/ - Associação Brasileira de Tradutores e Intérpretes
http://www.satedsp.org.br/encontre/dublagem.html - SATED
http://saudequilibrio.blogspot.com.br - Artigos sobre saúde e ergonomia

Dicas, fórum e artigos relacionados
http://www.legenders.com.br
http://www.dubla.com.br/
http://casadadublagem.blogspot.com.br/
http://tradutorlegendagem.blogspot.com.br/
http://www.docspt.com/index.php?topic=90.0 - Manual do Subtitle Workshop

Empresas de tradução, legendas, dublagem, audiodescrição e CC
http://www.dreimarc.com.br/
http://www.centauro.com/
http://www.marshmallow.com.br/home.php
http://www.lexx.com.br/
http://www.videoeye.com.br/
http://www.legendagem.net/
http://www.wanmacher.com.br/
http://www.voxmundi.com.br/home/home.html
http://www.geminimedia.com/
http://www.millenniumtraducoes.com.br/legendagem.html
http://www.multivozesdigital.com.br/mv_web.htm

http://bravoestudios.com.br/pt/
http://www.tempofilmes.com.br/site/
http://www.dublamax.com.br/index.html
http://www.somdeveracruz.com.br/ind_2.html
http://www.delart.com.br/index.php?opcao=home
http://pt.goldenmap.com/Dublav%C3%ADdeo#
http://audiodescricao.com.br/ad/

Referências Bibliográficas

ABREU, Iuri. *Perdidos na tradução*. RS: Belas Letras, 2013.

ALVARENGA, Lina. Subtitler: legendador, ou legendista? In: Anais do I Congresso Ibero-Americano de Tradução (I CIATI) - Tradução, Interpretação e Cultura na Era da Globalização. São Paulo: Unibero, 1998, p. 214-216.

ARAÚJO, Vera Lúcia S. O processo de legendagem no Brasil. Disponível em <http://www.legenders.com.br/Docs/legendagem_no_brasil.pdf>. Acesso em: 22 maio 2013.

CARRIÈRE, Jean-Claude. Tradução de Fernando e Benjamin Albagli. *A linguagem secreta do cinema*. Rio de Janeiro: Nova Fronteira, 1995.

CARVALHO, Carolina Alfaro. A arte da tradução. Disponível em <http://artedatraducao.blogspot.com.br/2008/07/panorama-do-mercado-de-legendagem.html>. Acesso em: 27 maio 2013.

FERRER SIMÓ, María Rosario. Fansubs y scanlations: la influencia del aficionado en los criterios profesionales. *Puentes* Universitat Jaume I Castellón de la Plana. (2005). Disponível em <http://www.ugr.es/~greti/puentes/puentes6/04%20Maria%20 Rosario %20Ferrer.pdf >. Acesso em: 3 jan. 2013.

GIRON, Luís Antônio. Abaixo a dublagem. Disponível em <http://revistaepoca.globo.com/cultura/luis-antonio-giron/noticia/2012/06/abaixo-dublagem.html>. Acesso: em 15 ago. 2012.

HOUAISS DICIONÁRIO DA LÍNGUA PORTUGUESA. Rio de Janeiro: Objetiva, 2004. Disponível em: <http://houaiss.uol.com.br>. Acessado em: 09 de novembro de 2014

LESSA, Leandro P. A Dublagem no Brasil. *FACOM - UFJF*. Disponível em <http://www.ufjf.br/facom/files/2013/04/Leandro-Pereira-Lessa.pdf>. Acesso em: 28 jan. 2013.

LIMA, Deivison. Saiba como é feito o "Closed Caption". Disponível em <http://tvfoco.pop.com.br/audiencia/saiba-como-e-feito-o-closed-caption/>. Acesso em: 18 mar. 2012.

MACHADO, Tonia e VENTICINQUE, Danilo. A dublagem venceu as legendas. Disponível em <http://revistaepoca.globo.com/cultura/noticia/2012/06/dublagem-venceu-legendas.html>. Acesso em: 15 ago. 2012.

MARTÍNEZ GARCÍA, Eva María (2010). Los fansubs: el caso de traducciones (no tan) amateur. *Revista Electrónica de Estudios Filológicos*. Escuela de Traductores de Toledo. 2010. Disponível em <http://www.um.es/tonosdigital/znum20/secciones/monotonos-los_fansubs.htm>. Acesso em: 4 jan. 2013.

MELLO, Giana M. G. Giani. O tradutor de legendas como produtor de significados. São Paulo, Produção Acadêmica de doutorado da UNICAMP. Instituto de Estudos da Linguagem - Linguística Aplicada à Tradução, 2005. Disponível em <http://www.bibliotecadigital.unicamp.br/document/?code=vtls000385845&fd=y>. Acesso em: 18 mar. 2013.

MOTTA, Lívia Maria V. de Mello. Audiodescrição – recurso de acessibilidade para a inclusão cultural das pessoas com deficiência visual. Disponível em <http://www.vercompalavras.com.br/pdf/artigo-audiodescricao-recurso-de-acessibilidad e.pdf >. Acesso em: 3 out. 2012.

MOUZAT, A. M. *A forma e o sentido na tradução:* a tradução de filmes por legendas. São Paulo, Tese de Doutoramento, USP, 1995.

POZZOBON, Graciela. Audiodescrição. Disponível em <http://audiodescricao.com.br/ad/>. Acesso em: 18 mar. 2013.

Impressão e acabamento
Gráfica da Editora Ciência Moderna Ltda.
Tel: (21) 2201-6662